SIMONE KERN

ÜBER LEBENS KÜNSTLER

Pflanzen, die bei jedem Wetter wachsen – mit 15 Beetideen

KOSMOS

INHALT

Mehr entdecken, mehr verstehen

DAS KOSMOS VERSPRECHEN

Expertenwissen seit 1822

Welches Thema dich auch begeistert – auf unsere Expertise kannst du dich verlassen. Und das schon seit über 200 Jahren.

Unser Anspruch ist es, dich mit wertvollem Rat zu begleiten, dich zu inspirieren und deinen Horizont zu erweitern.

BEGEISTERUNG DURCH KOMPETENZ

Unsere Autorinnen und Autoren vereinen professionelles Know-how mit großer Leidenschaft für ihre Themen.

WISSEN, DAS DICH WEITERBRINGT

Leicht verständlich, lebensnah und informativ für dich auf den Punkt gebracht.

SACHVERSTAND, DEN MAN SEHEN KANN

Mit aussagestarken Fotos, Zeichnungen und Grafiken werden Inhalte besonders anschaulich aufbereitet.

QUALITÄT FÜR HEUTE UND MORGEN

Dafür sorgen langlebige Verarbeitung und ressourcenschonende Produktion.

Du hast noch Fragen oder Anregungen?
Dann kontaktiere unsere Service-Hotline: 0711 25 29 58 70
Oder schreibe uns: kosmos.de/servicecenter

PFLANZEN FÜR DIE ZUKUNFT

Eigentlich liebe ich Wärme und Sonne, die Betonung liegt auf eigentlich. Denn wie sicherlich viele Menschen hadere ich immer mehr, wenn ich sehe, wie schwer sich Pflanzen im Sommer tun, Wälder nicht mehr genügend Wasser bekommen, Bäche austrocknen, Tiere gestresst sind und, nicht zu vergessen, auch wir Menschen unter der Hitze leiden. Bin ich heute im Sommer bei mir im Garten, suche ich den Schatten und bin froh darüber, dass ich vor Jahren Obstbäume gepflanzt habe. Unter deren kühlendem Kronendach halte ich mich zwischenzeitlich am liebsten auf.
Gleichzeitig beobachte ich schnelle Wetterumschwünge mit Sorge. Was sie wohl bringen? Einfach nur Niederschläge, Starkregen, Hagel oder heftige Sturmböen? Man wird sensibler, was das Wetter und Klima anbelangt. Als Gartenplanerin möchte ich diese Probleme nicht rein technisch angehen, für mich bleibt die Natur Vorbild und bietet Lösungen. Und so schaue ich jetzt noch genauer hin, welche Pflanzen mit den klimatischen Veränderungen gut zurechtkommen und welche Voraussetzungen puffernd wirken.
Biodiversität vor unserer Haustür zu fördern, ist gar nicht so schwer. Dazu braucht es nur einen naturnahen, strukturreichen Garten mit vielen Wildpflanzen. Mit dem Klimaschutz scheint es schwieriger zu sein. Doch auch hier bin ich überzeugt, dass wir, also jede und jeder einzelne von uns, in Bezug auf Natur und Garten etwas tun können. Ein wichtiger Punkt sind Lösungen für einen intelligenten Umgang mit Niederschlagswasser.
Und wenn Sie im Sommer traurig ins trockene „Grün" blicken, kann ich Ihnen nur Folgendes mitgeben: Es gibt für jeden Standort das richtige Pflänzchen, es werden zukünftig nur teilweise andere als bisher sein. Wir müssen die Umstände akzeptieren. Aber das war schon immer so. Wer einen Garten im Gebirge hat, kann auch nicht dieselben Arten pflanzen wie jemand im Rheintal.
Neben der Trockenheit kommen auch weitere Wetter-Phänomene immer häufiger vor wie Spätfröste oder sintflutartiger Regen. Diese Tatsache reduziert das Artenspektrum nochmals. Mir als Pflanzenliebhaberin blutet schon mal das Herz, wenn ich bei einer Planung diese oder jene Pflanze aus der Liste streichen muss, weil sie dort zukünftig nicht mehr gedeihen wird. Aber die gute Nachricht ist auch: Es gibt so viele geeignete Pflanzen, dass das Endergebnis immer noch attraktiv und artenreich ist. Da ist mir doch eine gesunde und langfristige Pflanzung lieber!
Nun komme ich wieder auf das anfängliche Thema „Beschattung" zurück. Würde ich heute nochmal meinen Garten anlegen, ich würde wieder mit den Obstbäumen beginnen. Generell sehe ich hier auch den Hebel für die Zukunft, denn dieser heißt: Bäume! Sie sind die schönsten Schattenspender und bringen Kühlung, für Flora und Fauna – und für uns.

Simone Kern

WILLKOMMEN IM ALLWETTERGARTEN

— Der Garten der Zukunft

DIE WELT IM KLIMAWANDEL

Kaum ein Tag vergeht, an dem nicht in den Medien über den von uns Menschen gemachten Klimawandel berichtet wird. Was uns bis vor ein paar Jahren noch als ein abstrakter Begriff weit weg vom eigenen Leben erschien, ist nun bei uns vor der Haustür angekommen.

Klimatische Veränderungen gab es seit dem Bestehen der Erde, sowohl kältere Perioden als auch Warmzeiten.

EINE REISE IN DIE ERDGESCHICHTE

In Kaltzeiten war ein Großteil des auf der Welt zur Verfügung stehenden Wassers in Eis gebunden und stand dem Niederschlagskreislauf nicht zur Verfügung. Dies hatte zur Folge, dass es in vielen Gebieten trocken wurde und zudem die Böden als Permafrostböden gefroren waren. So entstanden große kontinentale Graslandschaften wie die riesige von Eurasien bis nach Nordamerika reichende Mammutsteppe[1]. Gräser haben sich diesen Extremen angepasst, üppige Vegetation oder Wälder, so wie wir sie heute kennen, hatten keine Chance. Vor ca. 12.000 Jahren wurde es wärmer, die mächtigen Gletscher schmolzen, die Meeresspielgel stiegen an, Flüsse und Seen entstanden: Immense Mengen an Eis wurden zu Wasser, das verdunstete und als Niederschlag in den Wasserkreislauf einging. So entwickelte sich nach der letzten Eiszeit die Flora und Fauna, wie sie uns vertraut ist und welche auch uns Menschen einen kostbaren Überlebensraum schenkt.

PFLANZEN ALS CO_2-PUFFER

Wenn wir heute vom Anstieg der Temperaturen sprechen, welche durch von Menschen verursachte Treibhausgase entstehen, lohnt sich in dem Zusammenhang wiederum ein Blick in die erdgeschichtliche Vergangenheit. Seit der industriellen Revolution nutzt die Menschheit in großem Stil fossile Rohstoffe, meist als Energieträger für Verbrennungsmotoren. Dadurch wird allem voran CO_2 in die Atmosphäre abgegeben. Dieses CO_2 lagerte über Jahrmillionen als Erdöl oder Kohle gebunden oft tief im Boden. Den Ursprung hierfür bildete vor ca. 300 Millionen Jahren eine unglaublich üppige Vegetation aus Pflanzen wie überdimensionalen Schachtelhalm- und Farnwäldern. Damals war es schwül und warm. Nur so konnte sich – ähnlich wie heute in einem tropischen Regenwald – eine solche Pflanzenfülle entwickeln, die massiv Kohlendioxid aus der Atmosphäre filterte und in Pflanzenteilen, insbesondere Wurzeln, speicherte. Über eine schier unvorstellbare Zeitspanne wurden daraus durch Zersetzungs- und Umwandlungsprozesse fossile Rohstoffe.
Auch heute absorbieren Pflanzen immerhin ungefähr 29 % des CO_2 aus der Atmosphäre[2] und verringern damit den Treibhausgas-Gehalt unserer Luft. Pflanzen waren und sind daher einer der wichtigsten Bausteine zur Reduzierung des Klimawandels. Je mehr wir also pflanzen, auch in unseren Gärten, desto besser. Die Beispiele aus der Erdgeschichte zeigen aber auch, wie anpassungs-

1 von vor 2,6 Millionen Jahren bis vor ca. 11.700 Jahren, vgl. Thomas Halliday: Urwelten
2 Lucas Cernusak: „Nature“, 2017

Wolkenbildung im feucht-warmen Regenwald durch Verdunstung

Steppenlandschaft mit Gräsern

fähig Vegetation ist, wie das Klima diese beeinflusst und wie widerstandsfähig Pflanzen im passenden Umfeld sein können. Das gibt Hoffnung.

WARUM REGNET ES MEHR, WENN ES WÄRMER WIRD?

Die Antwort auf diese Frage, die in Anbetracht der heißen, trockenen Sommer der letzten Jahre in Europa seltsam erscheint, ist vereinfacht dargestellt: Durch Hitze und starke Sonneneinstrahlung verdunstet Wasser. Warme Luft kann diese Feuchtigkeit gut aufnehmen. Deshalb ist im Sommer der Himmel eher diesig, wohingegen an einem kalten, sonnigen Wintertag die Sicht besonders klar ist.
Zugleich steigt Wärme nach oben, in dem Fall die mit Feuchtigkeit gesättigte Luft: Es bilden sich Wolken. Diese kühlen sich in den atmosphärischen Schichten ab. Die Feuchtigkeit kommt in Form von Niederschlägen zurück auf die Erde. Leider oft sintflutartig und kurz. Klimaausblicke des Climate Service Center Germany (GERICS) weisen für Deutschland in allen Regionen für die Zukunft eine Zunahme an Starkregentagen aus. Generell gilt: je höher die Temperaturen und je höher der Wasserdampf in der Atmosphäre, desto höher das Niederschlagspotenzial.

HITZE, TROCKENHEIT UND STARKREGEN

Mit der Klimaerwärmung, die nicht mehr infrage gestellt wird, verändert sich auch das Wetter, denn Klima und Wetter hängen immer zusammen. Unter Klima an sich versteht man die vorherrschende Witterung in einer bestimmten Region. Wetter hingegen beschreibt eine kurze Phase und

TREIBHAUSEFFEKT – SCHÖN WARM ODER ZU WARM?

Die Erde mit ihrer Atmosphäre funktioniert ähnlich wie ein Gewächshaus. Ein Teil der von der Sonne ausgehenden kurzwelligen Strahlen gelangt durch die Erdatmosphäre und trifft auf die Erdoberfläche. Diese erwärmt sich und gibt sie als langwellige Wärmestrahlung wieder ab. Natürliche Treibhausgase wie Wasserdampf verhindern, dass die Wärmestrahlung völlig ungehindert wieder zurück in den Weltraum gelangt. Ein Teil bleibt in der Atmosphäre. Und das ist auch gut so. Denn ohne diesen Effekt läge die Durchschnittstemperatur der Erde bei –18 °C. Dieses System war lange in Balance. Doch aufgrund des anthropogen verursachten Anstiegs der Treibhausgase wird dieser Effekt nun noch verstärkt: mehr Treibhausgas-Moleküle, weniger Durchkommen der langwelligen Wärmestrahlung, die Folge davon ist die Klimaerwärmung.

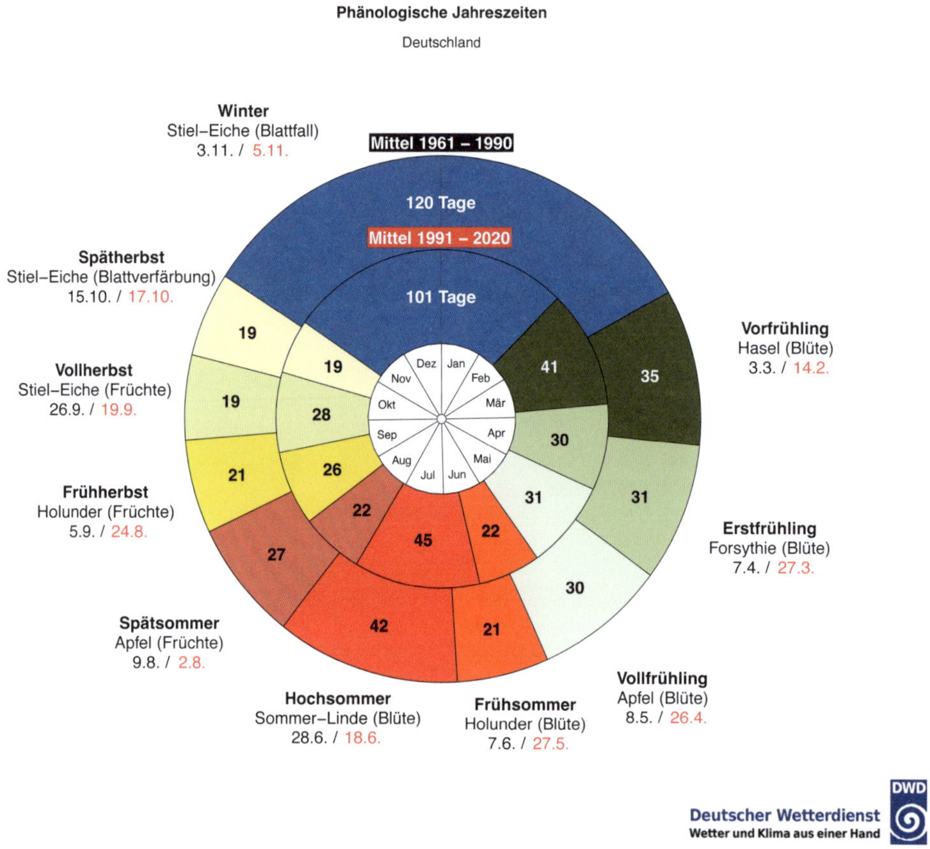

Aufgrund des Klimawandels ist der Winter inzwischen kürzer und Pflanzen wie die Hasel blühen viel früher.

ist sehr lokal. Die über einen langen Zeitraum gemessenen Wetterdaten bilden die Grundlage für das Klima. Doch wodurch entstehen heute solche Extreme wie langanhaltende Dürre? Atmosphärische Zirkulationen werden durch hohe Temperaturunterschiede verursacht. Wenn es nun aufgrund der globalen Erwärmung an den Polen wärmer wird, verringern sich die Bewegungen der Hoch- und Tiefdruckgebiete. So erklären sich die immer häufiger auftretenden stabilen Wetterlagen, und damit verbunden lange Regenphasen oder, noch häufiger, trockene Hochdrucklagen. Worüber wir uns in der Vergangenheit also freuten, eine Witterung mit viel Sonnenschein, Wärme und ohne Niederschläge, sehen wir nun in Bezug auf Natur, Vegetation und auch unsere Gärten als problematisch. Die hohe Verweildauer des Kontinentalhochs macht es dem feuchten Nordatlantiktief schwer, Mitteleuropa zu erreichen. Treffen allerdings diese Luftmassen mit stark unterschiedlichen Temperaturen aufeinander, können sich ausgeprägte Wetterlagen bilden, wie Starkregen, Hagel, Gewitter, Stürme, ja sogar Tornados. Insofern müssen wir uns zukünftig auf solche Extreme einstellen. Der für die Natur so wichtige „Landregen" wird eher zur Seltenheit.

VERSCHIEBUNG DER JAHRESZEITEN

Schon längst stimmt der kalendarische Verlauf der Jahreszeiten nicht mehr mit der Realität überein. Die sogenannten phänologischen Jahreszeiten, die sich an Blüten- oder Fruchtbildung und Laubfall bestimmter Pflanzen orientieren, haben sich stark verschoben: In den vergangenen fünf Jahrzehnten begannen Frühling, Sommer und

Herbst bei uns immer früher, und der Winter wurde immer kürzer. So blühen Äpfel inzwischen durchschnittlich zehn Tage früher als vor 40 Jahren. Pflanzen reagieren somit direkt auf die Wärme. Das kann zum Risiko werden, wenn im Frühling nochmals starke Spätfröste kommen. Vor allem Gehölze stehen durch verfrühte Wärmeperioden schon früher „im Saft" und haben sich auf Wachstum eingestellt. Tiefe Temperaturen im Frühjahr setzen ihnen stark zu: Blüten und frisch ausgetriebene Blätter erfrieren, sogar Rinde kann aufplatzen. Es liegt auf der Hand, dass vor allem Landwirte wie Erwerbsobstbauern darunter leiden. Aber auch im Hausgarten treffen uns diese Auswirkungen.

Spätfrostschaden an einer Weinrebe

BEDEUTUNG FÜR LAND(WIRT)SCHAFT UND NATUR

Es ist also für viele Menschen einiges schneller als gedacht anders geworden. Die Landwirtschaft, welche von moderaten Niederschlägen und Temperaturen abhängt, steht heute bei Extremwetterereignissen wie Dürre, Hagel oder Hochwasser vor großen Herausforderungen. Als direkter Effekt führte beispielweise die Trockenheit von 2018 in Deutschland teils zu einem totalen Ausfall von Grünland-Futter. Denn viele der darin verwendeten Hochleistungsgräser benötigen frisch-feuchte Böden und sind Flachwurzler.
Mit der Erwärmung breiten sich auch immer mehr Schädlinge, die eher mediterranes Klima bevorzugen, aus wie der eingebürgerte Maiszünsler. Und bei Starkregenereignissen schaffen es ausgetrocknete Ackerflächen nicht mehr das Wasser aufzunehmen: Es fließt meist oberflächlich ab, schwemmt Böden aus und damit steigt wiederum die Hochwassergefahr.
Was auf landwirtschaftlichen Flächen zum Problem wird, findet sich auch in der Natur wieder. Wir sehen durch Dürre gestresste Bäume und trockene Wiesen. Auch Gewässer leiden stark unter den langen Phasen ohne Niederschläge. Punktueller, heftiger Regen hingegen lässt Flüsse zu reißenden Strömen anschwellen, Uferbereiche werden angerissen und in Hanglagen entstehen Muren und Erosionen. Stürme setzen Wäldern stark zu, Wind- und auch Schneebruch ist in vielen Regionen schon Normalität.

Risse im Ackerboden nach langer Trockenperiode

Das wärmeliebende Taubenschwänzchen ist bei uns nun häufiger.

WORAUF PFLANZEN SICH EINSTELLEN MÜSSEN

Die globale, von uns Menschen verursachte Erwärmung unseres Planeten läuft schnell ab, man könnte auch sagen unnatürlich schnell. Die Ökosysteme können damit nicht Schritt halten. Eine genetische Anpassung der Pflanzen und Tiere benötigt viel mehr Zeit.

Eine Alternative wäre, in kühlere Regionen aus- oder abzuwandern. Doch dazu sind nur Tiere, beispielsweise Schmetterlinge oder Vögel, welche in kurzer Zeit weite Strecken zurücklegen können, in der Lage. Pflanzen haben es hingegen schwer. Wenn die Voraussetzungen für sie nicht mehr passen, sterben sie aus. Denn sie sind im wahrsten Sinne mit ihrer Umgebung verwurzelt – nur kleinräumig können sie sich selbstständig über Samen „weiterbewegen“. Und so wird klar, dass der momentan stattfindende Klimawandel gleichzeitig mit einem enormen Verlust an Artenvielfalt einhergeht.

NATUR AUS DEM TAKT

Begeben wir uns ins Reich der Schmetterlinge, Wildbienen und Hummeln. Insekten machen zwei Drittel aller Tierarten weltweit aus. Und sie sind unverzichtbare Bestäuber für unsere Blütenpflanzen: Etwa drei Viertel aller Wildpflanzen werden von ihnen bestäubt. Ähnlich sieht es mit Pflanzen für die landwirtschaftliche Produktion aus. Die Lebenszyklen von Insekten haben sich über Generationen an die der Pflanzen angeglichen. Kommen diese Zyklen aus dem Takt, wie durch eine frühzeitige Blüte, passt das nicht mehr

Äpfel blühen heute zehn Tage früher als vor 30 Jahren.

Als Südeuropäerin fühlt sich die Holzbiene inzwischen auch bei uns wohl.

zusammen. Generalisten wie die Honigbiene, welche an unterschiedlichsten Blühpflanzenarten ihr Futter sammeln, haben damit kaum ein Problem. Schwierig wird es für spezialisierte, heimische Wildbienenarten oder Falter. Sie suchen ihre Nahrung an ganz speziellen Wildpflanzen. Wenn diese nun aufgrund der Wärme früher blühen, sind ihre bestäubenden Insektenpartner noch nicht so weit. Der Insektenflug richtet sich nicht nur nach der Sonne, sondern oftmals auch nach dem Mondstand.

Eine Lösung für dieses Grundproblem ist auch im Garten nicht einfach, aber wir haben zwei Möglichkeiten, dem entgegenzuwirken:

1. viele Wildpflanzen mit Insektenmehrwert ansiedeln,
2. mithilfe von Strukturen, wie Beschattung durch Bäume, die Temperaturen kleinräumig niedrig halten.

ALLES IM FLUSS

Doch vielleicht müssen wir auch akzeptieren, selbst wenn es schwerfällt, dass Tradiertes verschwindet, vieles in Veränderung ist und sich damit auch neue Chancen bilden, sei es für Tiere oder Pflanzen. Je weiter Sie im Süden Deutschlands bzw. in Österreich oder der Schweiz leben, desto eher haben Sie schon mal ein Taubenschwänzchen an einer Blüte zu Gesicht bekommen. Es gehört, obwohl es tagaktiv ist, zu den Nachtfaltern und fällt durch seine fast kolibriartige Flugweise auf: Es steht sozusagen in der Luft und peilt eine Blüte an, aus der es mit seinem langen Rüssel den Nektar aussaugt. Vor ein paar Jahrzehnten konnte man diesen Schmetterling nur sporadisch direkt am nördlichen Alpenrand beobachten, denn er ist ein Zugfalter und kommt von der Alpensüdseite. Heute fühlt er sich auch bei uns wohl und breitet sich langsam gen Norden, immer der Wärme folgend, aus. Ähnlich sieht es mit der Holzbiene aus, die auch zunächst hauptsächlich auf der Alpensüdseite anzutreffen war. Sie ist die größte Wildbiene, welche wir nun bei uns beobachten können. Mit ihrer dunkelstahlblau schimmernden Gestalt und ihrem tiefen Flug-Gebrummel ist sie nicht zu verwechseln. Auf beide möchten wir bei der Tierbeobachtung sicher nicht mehr verzichten. Und sie haben sich auf natürliche Art und Weise bei uns eingefunden: infolge des Klimawandels, nicht durch Einschleppung von anderen Kontinenten. Ähnliche Beispiele finden wir in der Welt der „Gewinnerpflanzen", um die es immer wieder in diesem Buch gehen wird.

KLIMATISCHE GRUNDLAGEN FÜR PFLANZEN

Temperaturen und Wasserhaushalt sind für das Pflanzenwachstum und -überleben entscheidende Grundlagen. Deshalb wurde Deutschland basierend auf langjährigen Messwerten in unterschiedliche Winterhärtezonen eingeteilt. Wer unbedingt exotische Pflanzen im Garten haben wollte, kam um die Recherche, in welcher Klimazone ein Garten liegt und welche maximalen Tiefsttemperaturen vorherrschen, nicht herum. So ist der Rheingraben als besonders mild bekannt, wohingegen in den Hochlagen der Mittel- und Hochgebirge auch länger anhaltende Frostperioden vorherrschen. Bisher! Aufgrund der Klimaerwärmung werden sich diese Zonierungen verändern, auch kleinräumig: Kältephasen werden in Regionen, welche bisher als kühl galten, kürzer oder entfallen ganz. Deshalb werden wir zukünftig etwas bei der Pflanzenverwendung experimentieren können, immer allerdings mit dem Wissen, dass kurzzeitig auch Frostperioden auftreten können. Zum Problem werden allerdings Kahlfröste. Denn Schnee wird zur Mangelware und damit entfällt seine isolierende Wirkung. Von garantiert mediterranen Temperaturen sind wir noch entfernt!

WASSER: NICHT IMMER MANGELWARE

Die Temperatur bestimmt die Vegetation, ebenso wie das natürlich zur Verfügung stehende Wasser. Dazu zählen Niederschläge und die eng damit zusammenhängende Bodenfeuchte. Wie bereits er-

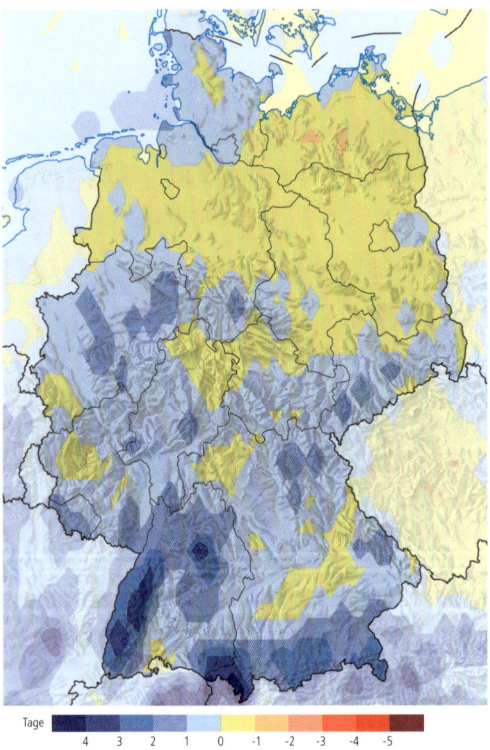

Starkregentage (blau) werden sich in den nächsten zehn bis 20 Jahren vor allem an den Staulagen von Gebirgen häufen, im Nordosten wird es eher eine Abnahme (gelb) der Niederschläge geben.[1]

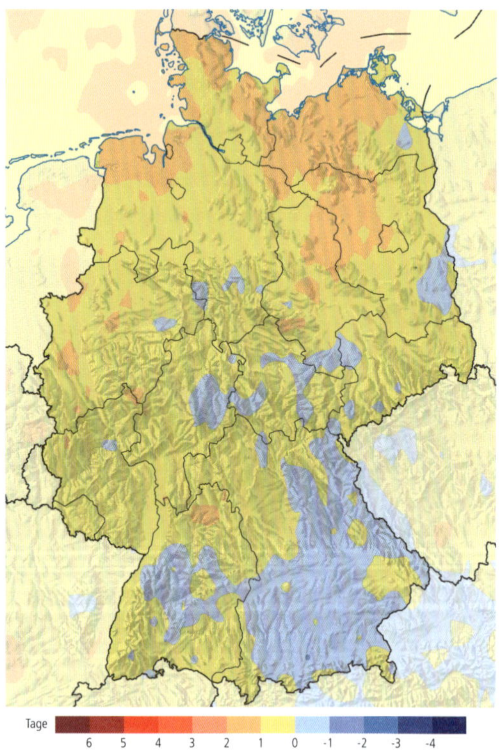

Mit Trockenperioden werden wir in zehn bis 20 Jahren im Norden und Osten (orange) im Vergleich zu heute häufiger rechnen müssen, im Süden nehmen sie tendenziell ab (blau).[1]

läutert bedeutet Klimawandel nicht zwangsläufig, dass Regen ausbleibt, ganz im Gegenteil. Nur hat sich seine Verteilung sowohl räumlich als auch zeitlich verändert. So wird es in Mittel- und Nordeuropa grundsätzlich mehr regnen, dies allerdings überwiegend im Winter.
Innerhalb Deutschlands zeichnen sich heute schon unterschiedlichste Niederschlagsschemata ab. Im Sommer werden Trocken- und Hitzewellen durch heftige Starkregenereignisse unterbrochen[2]. Starkregentage bis zu sintflutartige Niederschläge wird es immer häufiger geben, vor allen an den Staulagen von Gebirgen und Höhenzügen.[3] Dies kann zu Erosionen führen. Problematisch ist aber vor allem, dass das kostbare Nass kaum mehr in die zuvor ausgetrockneten Böden eindringen kann und damit oberflächlich abfließt. Das wiederum setzt vor allem Bäumen zu, welche aus den tieferen Bodenschichten ihr überlebenswichtiges Wasser holen. Ebenfalls fehlt das Sickerwasser zur Grundwasserbildung. Landregen, der über Tage die Bodenoberfläche aufweicht und langsam in die Tiefe versickert, ist inzwischen selten geworden.

Starkregen versickert kaum im Boden und fließt ab.

Längerer Herbst heißt auch längere Herbstfärbung.

GEWINNER- UND VERLIERERREGIONEN

Die Zukunft ist noch nicht geschrieben, aber es wird Tendenzen geben, welche wir bei der Verwendung von Pflanzen beachten sollten. Da die vom Westen kommenden Tiefdruckgebiete immer seltener bei uns ankommen, wird es trockener. Dies beobachten wir auch an der Küste: Herrschte hier früher fast ganzjährig eine feuchte Witterung, sind heute Städte wie Hamburg immer öfter von hochsommerlicher Hitze geprägt. Weiter im Osten, das war schon in der Vergangenheit so, nimmt der Regen ab. Aber wochenlange Dürreperioden sind auch dort neu. Besser schaut es im Voralpenland und Süddeutschland aus. Solange kein Starkregen niederprasselt, werden diese Regionen eher profitieren: Niederschläge – vor allem im Hochsommer – nehmen hier zu.

DAS WETTER IM JAHRESVERLAUF – DIE FOLGEN FÜR DEN GARTEN

Wie erwähnt hat sich im Durchschnitt die Niederschlagsverteilung über das Jahr stark verändert. Im für das Wachstum so wichtigen Frühjahr bleibt der Regen immer mehr aus. Der Wonnemonat Mai ist nun eher trocken und viel zu warm. Die Trockenheit zieht sich dann bis in den Sommer, in welchem sich zudem noch enorme

1 Datengrundlage: Helmholtz-Gemeinschaft

2 https://www.umweltbundesamt.de/themen/klima energie/klimawandel/zu-erwartende-klimaaenderungen-bis-2100

3 https://regionaler-klimaatlas.de/klimaatlas/2011-2040/jahr/anzahl-trockenperioden/deutschland/mittlereaenderung.html

Eine grüne Oase in der Stadt sieht nicht nur schön aus, sie kühlt auch. Und Bäume liefern Schatten.

Hitzetage häufen. Dadurch können heftige, lokal auftretende Gewitter mit Hagel und Sturm entstehen, welche Pflanzen oberflächlich schaden oder gar entwurzeln. Die Vegetation hat es folglich schwer, sich gut und störungsfrei zu entwickeln. Umso wichtiger wird es sein, die richtigen Pflanzen – sozusagen fit für die Zukunft – auszuwählen. Der Herbst, welcher eher ruhiges Wetter mit sich bringt, verschiebt sich immer weiter in Richtung Winter, auch die ersten Nachtfröste. Damit wird dieser zur entscheidenden Pflanzzeit, welche schon mal bis kurz vor Weihnachten anhalten kann. Wenigstens im Winter können wir zuverlässig mit Niederschlag rechnen, wenn auch seltener in Form von Schnee.

PFLANZEN – DIE SUPERHELDEN DER ZUKUNFT

Der weite Bogen zum Thema „Klimawandel" war wichtig, um zu zeigen, wozu Pflanzen in der Lage sind und dass sie einen praktikablen Schlüssel für eine verbesserte Umwelt liefern.

So wirken Pflanzen ganz direkt als CO_2-Puffer und dienen damit der Verbesserung der Luftqualität: Die Vegetation nimmt im Rahmen der Fotosynthese große Mengen Kohlenstoffdioxid auf und wandelt es in Sauerstoff um. Außerdem kühlt Vegetation durch Verdunstung ihre Umgebung.

GRÜNE SONNENSCHIRME

Hitzetage nehmen zu, die Sonne sticht, da suchen wir den Schatten, am liebsten unter einem kühlenden Baum. Aus südlichen Ländern kennen wir das Bild: Auf einem Dorfplatz stehen knorrige Platanen und darunter ein paar Bänke – ein beliebter Treff für Jung und Alt. Bei uns ist es noch gar nicht so lange her, dass Gartenbesitzer ganz im Gegenteil tunlichst darauf achteten, dass bloß nicht zu viele Bäume das Grundstück beschatten könnten, ja teils sogar nachbarliche Streitigkeiten daraus entstanden sind. Und so werden stattdessen als Schattenspender oft lieber Sonnenschirme aufgestellt und teure Markisen montiert. Mit dem Effekt, dass sich die Wärme darunter noch mehr staut. Die allgemeine Zunahme der Temperaturen potenziert sich im Sommer vor allem in

Ballungsräumen. Da heizen sich Gebäudefassaden, Dächer und Belagsflächen auf, kaum ein Lüftchen weht und die Nacht bringt auch keine Linderung. In solchen Tropennächten kann bei uns der Temperaturunterschied zwischen Stadt und Land bis zu 12 °C betragen. Doch warum ist das so? Die Vegetation, Bäume, Sträucher und Wiesenpflanzen, kühlen die Umgebung dank ihrer Verdunstung ab. Man könnte auch sagen: Wenn Bäume schwitzen, wird es in der Stadt kühler. Kein Wunder, dass wir im Sommer so gern unter einem schönen Laubbaum sitzen. Auch wenn dem einen oder anderen das Umdenken noch schwerfällt: Pflanzen Sie im eigenen Garten, wenn noch nicht vorhanden, unbedingt Bäume für die Zukunft! Worauf dabei zu achten ist und welche Arten sich eignen, wird auf Seite 86 erklärt.

NATÜRLICHE KLIMAANLAGEN

Wenn im Großen die Temperaturen steigen, können wir das Mikroklima, die bodennahen Luftschichten, im Kleinen vor unserer Haustür mit verschiedenen Möglichkeiten beeinflussen. In erster Linie passiert das mit Pflanzen. Diese transpirieren, kühlen und liefern Schatten. Je mehr Vegetation, desto erträglicher sind im Sommer für uns die Temperaturen. Verwendet man Pflanzen stockwerkartig, profitieren diese von ihrer gegenseitigen Beschattung. Auch viele Tiere ziehen ihren Nutzen daraus, suchen eine kühlende Umgebung. Deshalb heißt es, so viel wie möglich zu begrünen, das können auch Fassaden oder Flachdächer sein. Fassadenbegrünung reduziert die Wärmerückstrahlung von Gebäuden und im Gegenzug heizen diese sich weniger auf. Solche „lebende" Wände erreicht man ganz klassisch mit Kletterpflanzen (siehe S. 54/55) oder mit vorgesetzten Gehölzen, wie einem Spalierobstbaum. Ähnliche Vorteile bringt die Dachbegrünung. Bei passender Statik ist jedes Flachdach geeignet, selbst kleinste Flächen wie Mülltonnenhäuschen oder Fahrradschuppen. Und bei allen entstehen positive Synergieeffekte: Im Sommer erwärmen sich wegen der Vegetation die Dächer nicht so stark und im Winter wirkt eine Dachbegrünung isolierend. Zudem halten das Substrat und die Pflanzenwurzeln das Niederschlagswasser zurück, speichern es sogar. Dadurch kühlen diese Flächen zum einen aktiv, zum anderen fließt das Wasser vor allem bei Starkregen nicht sofort ab. Welche Pflanzen sich für eine zeitgemäße Dachbegrünung eignen, finden Sie auf Seite 76.

Kurz und gut: Die durch den Klimawandel auftretenden Probleme wie Hitze oder Starkregen können mit einer durchdachten und zukunftsweisenden „Grünplanung" abgemildert werden.

Dachbegrünung funktioniert auch im Kleinen.

PLATZ FÜR ALLE – WOHNUNGEN FÜR TIERE

Vegetationsflächen bilden im Garten und in der Stadt die „grüne Infrastruktur". Doch neben diesem eher technischen Nutzen dürfen wir Pflanzen als Lebensraum und Nahrungsquelle für Tiere nicht außer Acht lassen. Egal, wie wir unsere Gärten anlegen, damit sie schön aussehen, und welche Pflanzen wir setzen, die Kühlung bringen, sollten wir immer überlegen: Bringen diese Pflanzen auch den Tieren einen Vorteil? Wir können das sogar noch fördern, indem wir an Fassaden zwischen Kletterpflanzen Nistkästen für Vögel aufhängen oder ein artenreiches Staudenbeet mit Totholz oder Wildbienen-Brutplätzen ergänzen.

AUF DER SUCHE NACH ÜBERLEBENSKÜNSTLERN

Pflanzen müssen eine Menge aushalten, wenn man bedenkt, was klimatisch alles auf sie zukommt. Insofern macht es Sinn, zunächst zu schauen, in welchen Regionen der Erde heute schon solche Witterungsbedingungen herrschen, wie sie bei uns noch neu sind, und welche Vegetation dort zu finden ist.

Die Pflanzen der Zukunft müssen Frost und Trockenheit vertragen, aber auch Extremniederschläge. Begeben wir uns auf Entdeckungsreise!

STEPPENLANDSCHAFT IM RHEIN-MAIN-GEBIET

Beginnen wir vor unserer Haustür, mitten in Deutschland. Auch bei uns gibt es Extremstandorte wie die Alpen oder das Fränkische Jura. Exemplarisch möchte ich ein spannendes Kleinod vorstellen, den Mainzer Sand. Nach der Eiszeit hat sich hier eine Binnen-Dünenlandschaft gebildet, welche in diesem ausgesprochen unwirtlichen Klimaabschnitt zunächst von einer grasigen Steppenvegetation besiedelt wurde. Sandböden finden wir zwar auch in anderen Regionen Deutschlands, aber nicht mit dieser sogenannten tundraartigen Reliktflora. Und so wachsen hier sowohl Arten wie in der südrussischen oder pannonischen Steppe als auch submediterrane Pflanzen. All diese Gewächse haben über Jahrtausende Kälteperioden, aber auch feuchtere Zeiten überstanden. Zugleich müssen sie mit der Sommertrockenheit und im Hitze-Kessel des Rhein-Main-Gebiets zurechtkommen, und das auf Böden, welche kaum Wasser speichern können.

Das Naturschutzgebiet Mainzer Sand ist eine Steppe mit Federgras und anderen Besonderheiten.

Reiche Landschaftsformen in den Dinarischen Alpen

Aparte Staude, der Balkan-Bärenklau

Bestandsbildend sind Federgräser wie *Stipa capillata* und *Stipa joannis*, nur vereinzelt wachsen auch Bäume wie die Wald-Kiefer *(Pinus sylvestris)*. Typische Steppenstauden sind die inzwischen auch in Gärten gerne verwendete Steppen-Wolfsmilch *(Euphorbia seguieriana)* oder das weniger bekannte, aber ausgesprochen attraktive Büschel-Gipskraut *(Gypsophila fastigiata)*. Mit etwas Glück bekommt man im Handel die Sorte 'Silverstar'. Auch Überbleibsel aus dem Mittelmeergebiet haben sich auf dem Mainzer Sand erhalten, wie der Feld-Mannstreu *(Eryngium campestre)* oder der wunderschöne, meist zweijährige Doldenblütler *Trinia glauca*, der Blaugrüne Faserschirm. Und so kommen hier zwei an den Standort angepasste Florenelemente zusammen: Mittelmeer und Steppe. Wie das für den Garten uminterpretiert werden kann, finden Sie auf Seite 60/61.

HOTSPOT DER PFLANZENVIELFALT – DER BALKAN

Begeben wir uns auf die Alpensüdseite, finden wir zwar zahlreiche an Hitze und Trockenheit perfekt angepasste mediterrane Pflanzen. Doch um als Allwetterpflanzen bezeichnet zu werden, fehlt den meisten von ihnen die Frosthärte. Eine Ausnahme stellen die Arten der Balkanhalbinsel, genauer der Dinarischen Alpen, dar. Dort herrschen genau die klimatischen Voraussetzungen, welche wir suchen: In den Sommermonaten wird es sehr heiß und trocken, immer wieder gibt es aber auch heftige Regengüsse und eiskalte Winde wie die Bora. Der Winter ist sehr niederschlagsreich und in manchen Regionen stellt auch Schnee keine Seltenheit dar. Die Landschaft ist stark gebirgig, durchfurcht von schroffen Tälern und Schluchten. Der Untergrund reicht von steinig-trocken bis wasserundurchlässig. Kein Wunder, dass sich hier eine auf die Extreme spezialisierte Vegetation entwickelt hat. Da gibt es große Waldgebiete mit einer artenreichen Waldflora, aber auch blumenreiche Rasengesellschaften oder Kalkspaltenarten wie die Dinarische Akelei *(Aquilegia dinarica)*. Wenn wir heute verzweifelt nach Baumarten suchen, welche besonders dem Stadtklima trotzen, dann können wir hier fündig werden. Sehr viele trockenheitstolerante Gehölze wie die Baum-Hasel *(Corylus colurna)*, die Europäische Hopfenbuche *(Ostrya carpinifolia)* oder die Walnuss *(Juglans regia)* haben hier ihre Heimat, übrigens auch der beliebte Flieder *(Syringa vulgaris)*. Neben sehr vielen endemischen, nur dort vorkommenden Arten wachsen in der Krautschicht gartenwürdige Stauden wie der Balkan-Storchschnabel *(Geranium macrorrhizum)*,

Berge, Schluchten und Wälder prägen den Kaukasus.

Fruchtstände der Kaukasischen Flügelnuss

Attraktive Blüten der Kaukasus-Pfingstrose

die blutrote Byzantinische Pfingstrose *(Paeonia peregrina)* oder die Balkan-Anemone *(Anemone blanda)*, ein bekannter und dankbarer Frühjahrsblüher. Der Balkan-Bärenklau *(Acanthus hungaricus)*, ein im Garten viel zu selten verwendeter Allrounder, wird auf Seite 69 etwas genauer beleuchtet. Auf jeden Fall birgt diese Region ein riesiges Potenzial für die klimaangepasste Pflanzenverwendung.

KAUKASUS – PARADIES VOLLER GEGENSÄTZE

Eine weitere, riesige Gebirgsregion Eurasiens ist der Kaukasus. Diese Ökoregion umfasst eine Fläche von 580 000 km^2 zwischen Schwarzem und Kaspischen Meer, unter anderem mit den Gebirgsketten des Großen und Kleinen Kaukasus. Der Höchste Berg, der Elbrus, ist 5 642 m hoch. Länder wie Armenien oder Georgien liegen teils auf seinem Territorium. Der Kaukasus ist extrem bergig und beherbergt sehr unterschiedliche Klimazonen. So ist er Richtung Schwarzmeer und Kaspischem Meer feucht und humid, im Zentralkaukasus heiß, kontinental und sehr trocken. Aufgrund seiner Größe, Lage und Höhe treffen hier ähnlich wie im Balkan starke Gegensätze mit einem Reichtum an ökologischen Nischen aufeinander. Und wie könnte es anders sein: Auch hier hat sich eine ganz spezielle vielfältige Flora entwickelt. Insgesamt sind 6 350 Blütenpflanzenarten bekannt.

Für uns sind insbesondere der Kleine Kaukasus (welcher mit dem Berg Ararat von 5 265 m Höhe gar nicht so klein ist) und Regionen von Zentralgeorgien interessant. Schroffe Höhenlagen, welche von Frost und teils von viel Schnee im Winter geprägt sind, sind im Sommer trocken mit sporadischen Niederschlägen. Die Berglandschaft ist von Flüssen durchzogen, Täler und Schluchten sind entstanden. An Sonderstandorten konnten sich Wälder mit einer dementsprechenden Krautschicht bilden. Aufgrund der Nähe zu Asien finden sich hier schon Pflanzen, welche kaum noch an unsere heimische, mitteleuropäische Vegetation erinnern. Spannend sind die Zelkoven. Diese Bäume oder Sträucher erinnern im ersten Mo-

In der Nordamerikanischen Prärie finden wir viele Gräser und Stauden für den Garten.

ment an Ulmen mit kleineren Blättern. Bis ins Tertiär wuchsen Zelkoven in ganz Europa, heute gibt es nur noch kleine Reliktvorkommen auf Kreta und Sizilien. Ansonsten liegt ihr Hauptverbreitungsgebiet heute in Ostasien und eben im Kaukasus mit der Kaukasischen Zelkove *(Zelkova carpinifolia)* als mächtiger Baumart. Auch die Kaukasische Flügelnuss *(Pterocarya fraxinifolia)* wird bei uns inzwischen als Zukunftsbaum gehandelt. Sie gehört der Familie der Walnussgewächse an und hat eine hohe Standortamplitude. Das bedeutet, sie verträgt sowohl volle Sonne als auch Schatten, Trockenheit sowie kurzzeitige Überschwemmungen. Aus dem Reich der Stauden sind uns schon länger einige ausgesprochen robuste Arten bekannt (siehe S. 48). Dazu gehören die zwei Alleskönner: der Kleine Kaukasus-Beinwell *(Symphytum grandiflorum)*, ein absoluter Allrounder, und das beliebte Kaukasusvergissmeinnicht *(Brunnera macrophylla)*.
Pfingstrosen-Fans kommen mit der aparten Kaukasus-Pfingstrose *(Paeonia mlokosewitschii)* auf ihre Kosten.

URLANDSCHAFT NORDAMERIKAS – DIE PRÄRIE

Begeben wir uns am Ende unserer Entdeckungsreise noch nach Nordamerika, in die Prärie. Wie der Name schon sagt, findet man hier große, baumlose Graslandschaften mit unterschiedlichsten Stauden. Die Grundlage bilden tiefgründige Lössböden, welche während und nach der Eiszeit entstanden sind. Als Folge natürlicher Brände und der Beweidung mit riesigen Büffelherden kamen keine Gehölze hoch, zugleich wurde durch Kot und Urin dem Boden Stickstoff hinzugefügt. Daraus entstanden beste Böden, und das über Jahrtausende. Bis weiße Siedler das Land komplett veränderten.
Klimatisch gesehen ist Nordamerika ein Kontinent der Wetterextreme, und das nicht erst seit dem Klimawandel. Dort gibt es Hitze, Dürren und Brände im Sommer, dann wieder Überschwemmungen, Kälte, Frost und Blizzards im Winter. Pflanzen, welche dort wachsen, haben sich lange daran anpassen müssen.
Allerdings gibt, oder besser gab, es nicht nur die „eine" Prärie:

— Die im Osten gelegene Hochgrasprärie profitiert noch von leichten Niederschlägen. Aus dieser kommen bekannte Gartengräser wie Indianergras *(Sorghastrum nutans)* oder Ruten-Hirse *(Panicum virgatum)*, aber auch Astern oder Sonnenhut.
— Wesentlich trockener ist die Kurzgrasprärie im Westen. Von hier stammt das aparte Moskitogras *(Bouteloua gracilis)*.

Auf alle Fälle werden wir bei der Suche nach Überlebenskünstlern für unsere Zukunftsgärten an den Präriestauden nicht vorbeikommen.

MERKMALE & STRATEGIEN VON ÜBERLEBENSKÜNSTLERN

Exemplarisch wurden Naturstandorte beschrieben und dortige Pflanzen erwähnt, welche ganz besonders robust sind. Aber was ist ihnen gemeinsam und was müssen sie mitbringen, um sich den Herausforderungen des Klimawandels stellen zu können?

WEITE STANDORT-AMPLITUDE

Bevor wir die Pflanzen in deren Lebensweise und Gestalt betrachten, gibt es einen Ansatz, welcher bei der Wahl sehr hilft: die Standortamplitude. Da steckt im Namen schon drin, was gemeint ist, nämlich der Bereich, in dem eine Pflanze wachsen kann. Je weiter dieser gefasst ist, desto größer ist die Amplitude. Schafft es beispielsweise eine Staude sowohl auf durchlässigem als auch frisch-humosen Boden in der Sonne oder auch im Halbschatten zu wachsen, spricht man von einer weiten Standortamplitude. Dieses Wissen resultiert aus jahrelangen Erfahrungen von Gärtnern, oftmals auch abgeleitet von Sichtungen an Naturstandorten. Und so verwundert es nicht, dass es sich hierbei meist um Ursprungsarten handelt, welche natürlich wachsen und nicht gezüchtet wurden. Denn das ist eine wichtige Erkenntnis: Sorten, bzw. Züchtungen verlieren häufig an Vitalität. Die Ursprungsarten hingegen sind meist widerstandfähiger. Ein gutes Beispiel hierfür ist der Nordamerikanische Purpur-Sonnenhut *(Echinacea purpurea)*. Von ihm gibt es inzwischen viele Züchtungen, aber fast alle sind nicht sehr langlebig. Im Gegensatz zur ursprünglichen Form. Diese kann, wenn keine Schnecken in der Nähe sind, sowohl auf trockenem wie auch auf frischem Boden wachsen.

BLÄTTER UND OBERIRDISCHE TEILE

Der oberirdische Teil von Pflanzen ist der Sonnenstrahlung ausgesetzt. Diese ist lebenswichtig für die Fotosynthese, ist sie aber zu intensiv, wird sie zum Problem: Eine zu hohe Verdunstung bis hin zu Verbrennungen sind die Folge. Und so schützen sich Pflanzen mit feinen Härchen wie Fell an den Blättern oder haben eine Schutzschicht aus Wachs wie eine Sonnencreme.
Starkregen oder Hagel kann Blätter erheblich schädigen. Dagegen ist nicht wirklich ein Kraut gewachsen. Allerdings: Je größer die Angriffsfläche, desto mehr Schäden. Im Umkehrschluss: Kleinere oder schmale Blätter oder solche, die entweder tendenziell aufrecht oder hängend wachsen, werden eher verschont.
Spätfröste, welche nach einem frühen und warmen Frühling kommen, sind ebenfalls problematisch. Da sind Gehölze oder Stauden im Vorteil, welche sich beim Austrieb Zeit lassen. Walnussbäume schieben später Blätter, da sie aus Regionen wie dem Balkan stammen, wo schon immer nach einer Warmphase nochmals Frost kommen konnte. Wandert man im Frühling bei uns durch Buchenwälder, sieht man, dass nicht jeder Baum zur gleichen Zeit grün wurde. Wird es wieder kalt, sind die Bäume, welche später dran waren, in Vorteil. Sicherlich wird in diese Richtung zukünf-

tig auch selektiert werden. Frühjahrsblüher hingegen sind es gewohnt, nochmals vom Winter überrascht zu werden: Ihnen macht das nichts aus.

WURZELN ALS LEBENSVERSICHERUNG

Bisher hat man in der Pflanzenverwendung in erster Linie den oberirdischen Teil einer Pflanze betrachtet. Die ausgesprochen wichtige Funktion der Wurzel wurde meist außer Acht gelassen. Lediglich bei Gehölzen, vor allem Bäumen, wurde darauf geschaut und das eher aus technischen Gründen. Es ging darum, ob Flachwurzler Pflasterbeläge anheben oder wassersuchende Wurzeln in Leitungen wachsen könnten. In den USA hat man sich wegen der extremen klimatischen Gegebenheiten schon längst Gedanken gemacht, mit welchen Pflanzen zukünftig Gärten sinnvoll gestaltet werden können. Und da boten sich die „native plants", die Präriestauden an, welche all den Wetterkapriolen trotzen. Bei der Erforschung ihres Wurzelsystems fand man Erstaunliches heraus: Die Wurzeln von teils kleinen Stauden gehen metertief in den Boden. Tiefwurzler holen von weit unten noch verfügbares Wasser und Nährstoffe, speichern dies darin, und verankern zugleich die Pflanze bei Wind oder Starkregen. Zu dicke, fleischige Wurzeln sind allerdings auch nicht gut, da diese bei Nässe faulen. Das Wurzelsystem ist also entscheidend für die Allwetterpflanzen.

Feinste Härchen schützen das Perlenpfötchen.

TIEFWURZELNDE PRÄRIESTAUDEN

- Septemberkraut, *Aster ericoides*
- Indigolupine, *Baptisia australis*
- Scheinsonnenhut, *Echinacea pallida*
- Raue Prachtscharte, *Liatris aspera*
- Ruten-Hirse, *Panicum virgatum*
- Goldbartgras, *Sorghastrum nutans*

KURZLEBIGE PFLANZEN

Einjährige Arten sind von einem feuchten Frühjahr abhängig. Somit ist es fraglich, ob diese bewusst eingesetzt zukünftig noch Sinn machen. Lediglich, wenn deren Samen im Boden über mehrere Jahre schlummern können und erst in einem passenden, nassen Frühling keimen, funktioniert das. Zweijährige, wie viele Königskerzen-Arten oder auch Stockrosen, nutzen meist schon die Winterfeuchte und schieben eine starke Pfahlwurzel. Überlebenskünstler? Ein klares Ja!

Königskerze

GARTENPRAXIS

— *im Klimawandel*

BODEN – DIE BASIS FÜR GESUNDE PFLANZEN

Ein guter Boden bildet die Basis für Allwetterpflanzen. Deren Wurzelsystem ist maßgeblich für die Nährstoff- und Wasserversorgung und damit die Pflanzenvitalität zuständig. Wenn man bedenkt, wie lebensnotwendig Boden ist, ist es erstaunlich, wie wenig wir über ihn wissen.

Wie setzt sich der Boden zusammen, was lebt in ihm, und wie können wir die Bodengesundheit fördern?

REGEL NR. 1: BODEN GUT DURCHLÜFTEN

Die oberste Schicht der Erdkruste ist der (meist) belebte Boden. In unseren Breiten ist dieser ca. 40 cm tief und der fruchtbarste Horizont. Nicht ohne Grund wird diese Schicht auch Mutterboden genannt. Im Gegensatz zu den darunterliegenden, überwiegend mineralischen Schichten enthält der Mutterboden zudem einen sehr hohen Anteil an organischer Substanz: abgestorbene Pflanzenteile, viele Bodenlebewesen und Nährstoffe. Wer schon einmal lockere Erde in Händen hielt, weiß, dass diese nicht nur aus Feststoffen besteht, sondern sich dazwischen auch Hohlräume befinden. Diese machen etwa 50 % aus und sind wichtig für die Durchlüftung. In ihnen versickert Wasser, sie speichern es aber zugleich. Tiere haben dort ihren Wohnort und Wurzeln durchziehen sie. Somit können sich hier Pflanzen alles holen, was sie fürs Wachstum benötigen: Wasser, Nährstoffe und Luft. Je weniger Porenvolumen ein Boden hat, desto schwerer kann unter der Erdoberfläche Leben stattfinden. Durch sachte Bodenbearbeitung mit einer Grabegabel, Einarbeitung von Sand oder tiefwurzelnde Gründüngung kann diese Balance von Feststoffen und Hohlräumen im Boden wiederhergestellt werden.

REGEL NR. 2: HUMUSBILDUNG FÖRDERN

Humus ist ein entscheidender Bestandteil der oberen Bodenschicht: Er liefert Pflanzen lebensnotwendige Nährstoffe und speichert Feuchtigkeit. Auch als Laie kann man eine stark humose Erde an ihrer Farbe erkennen: je dunkler ein Boden, Extrembeispiel ein Moorboden, desto höher sein organischer Anteil. Die Grundlage zur Bildung von Humus liefern die Pflanzen überwiegend selbst. Verschiedenste Bodenorganismen wie Kleinsttiere, Bakterien oder Pilze wandeln Pflanzteile um und zersetzen sie. Ohne diese Destruenten – Bodenfauna, Pilze und Bakterien – würden sich Blätter, Holz und andere organische Bestandteile innerhalb weniger Jahre meterhoch auftürmen. Die Umwandlung in Humus ist ein ausgesprochen komplexer und langwieriger Prozess. Seine Bildung kann man nur fördern, wenn zum einen genügend abgestorbenes Pflanzmaterial zu Boden kommt, zum anderen genügend Destruenten vorhanden sind und der Boden so wenig

WIE ENTSTEHEN BÖDEN?

Jeder Boden besteht aus unterschiedlichen Anteilen von Mineralien und Humus. Zur Bodenbildung tragen u. a. folgende Faktoren bei: Zeit, Ausgangsgestein, Klima, Tiere und Pflanzen, Mikroorganismen, Wasser und nicht zuletzt der Mensch.

wie möglich gestört wird. Solche Störungen können mechanischer Art sein wie Baggerarbeiten, aber auch Extremniederschläge waschen die sogenannte Mullauflage, den noch nicht fertigen Humus, weg. Humusprofile von 20 cm Mächtigkeit haben fast 200 Jahre gebraucht, um sich zu bilden. Humus entsteht also nicht von heute auf morgen.

REGEL NR. 3: BODENLEBEWESEN ACHTEN

Die Bodenfauna setzt sich aus ganz kleinen Tieren wie Amöben, etwas größeren wie Fadenwürmer, mittelgroßen Milben, Regenwürmern bis hin zu Wühlmäusen und Maulwürfen zusammen. Sie leben bis in einer maximalen Tiefe von 30 cm. Einige bauen durch ihr Wühlen und Graben die Struktur auf, durchmischen die mineralischen mit den organischen Bestandteilen. Andere wie der Regenwurm erzeugen Hohlräume für die Durchwurzelung und den Wasser- und Lufttransport. In einem Kubikmeter gesunden Boden sollten wir 100 Regenwürmer finden. Kleintiere wie die ca. 1 mm großen Springschwänze fressen herabgefallene Blätter. Dann werden sie ihrerseits von Milben vertilgt. Am Ende verenden auch all diese Tiere und sind ebenfalls Teil des Ganzen. Eine große Menge an Bodentieren sind Garant für eine hohe Bodenqualität.

Humusreiche Bodenschichten mit organischen und porigen Anteilen sind voller Leben (unten), noch mehr Leben findet sich in der Mullschicht (oben).

Gesunde, lebendige Böden bilden die Grundlage für ein üppiges Wachstum und gesunde Pflanzen.

Nur durch viele Zersetzer wird aus Laub Humus.

Regenwürmer sind ein Garant für gut durchlüftete Böden.

Netzartig durchziehen Pilz-Hyphen den Boden.

REGEL NR. 4: MYKORRHIZEN NUTZEN

Als Mykorrhiza bezeichnet man die Symbiose zwischen Pilz und Pflanze. Diese entsteht, wenn sich im Boden das Wurzelgeflecht von Pflanzen mit den winzigen Pilz-Zellfäden, sogenannten Hyphen, verbindet. Heute wissen wir um deren große ökologische Bedeutung. Denn die Wurzeln der Pflanzen versorgen deren oberirdischen Teil nicht allein, sondern in enger Zusammenarbeit mit den feinen Pilz-Fäden. Pilze, welche wir im Herbst sammeln, sind lediglich die Fruchtkörper, die Spitze eines wahren Eisbergs. Unterirdisch befindet sich ein riesiges Netzwerk von Hyphen – in 1 g Erde können bis zu 100 m Hyphenstränge verlaufen. Im Detail funktioniert das so: Die Hyphen ummanteln die Wurzelenden von Pflanzen und dringen in das Wurzelinnere, nicht aber in die Wurzelzellen ein. Das riesige Hyphengeflecht nimmt großflächig Nährstoffe sowie Wasser auf und transportiert alles bis zu den Pflanzenwurzeln. Damit werden Pflanzen aus Bodenbereichen versorgt, in die ihr eigenes Wurzelsystem niemals reichen würde. Letztendlich kommt diese Symbiose einem gesunden Pflanzenwuchs zugute. Und die Pilze? Diese bekommen von den oberirdischen, grünen Pflanzen durch deren Fotosynthese Zucker.

REGEL NR. 5: MIT DER NATUR ARBEITEN

Um all die Wunder des Bodens zu bewahren, sollten wir auf chemischen Dünger und auch auf starke, mechanische Bearbeitung verzichten. Dass sich diese Maßnahmen als Sackgasse herausgestellt haben, zeigt die industrielle Landwirtschaft. Bei der Anlage von Pflanzungen müssen wir vom vorhandenen Boden ausgehen und die Arten dementsprechend auswählen. Dies ist in Zeiten von extremen Wettersituationen wichtiger denn je. Trotzdem können wir Böden zusätzlich verbessern, damit sie die für die Pflanzen wichtigen Eigenschaften aufweisen: Versorgung mit Nährstoffen, gutes Porenvolumen für Wasser und Luft, keine Staunässe.

Die häufigsten Gartenböden

01

Sandiger Boden

02

Tonig-lehmiger Boden

03

Sandig-lehmiger Boden

01 **Merkmale:** Sandböden sind sehr durchlässig und enthalten wenig organische Bestandteile. Sie sind gut zu bearbeiten und erwärmen sich im Frühling schnell. Damit beginnt das Vegetationswachstum früher. Problematisch für die Pflanzen über das Jahr ist das geringe Speichervermögen für Wasser und Nährstoffe.
Sickerfähigkeit: Sehr starke Wasserdurchlässigkeit, keine Staunässe.
Verbesserung: Durch Einarbeiten von Kompost oder eine organische Mulchung mit Lauch wird die fehlende Speicherkapazität verbessert und werden zugleich Nährstoffe zugefügt. Ziel sollte sein, dass sich schnell eine geschlossene Vegetationsdecke entwickelt – sie beschattet den Boden und liefert organische Pflanzenteile.
Pflanzenauswahl: Geeignete Arten müssen viel aushalten und wahre Trockenhelden sein. Dazu gehören Kräuter, heimische Wiesenpflanzen, aber auch Steppenpflanzen.

02 **Merkmale:** Lehm- und Tonböden sind sehr schlecht zu bearbeiten und verdichten dabei schnell. Sie speichern zwar Feuchtigkeit und Nährstoffe, haben aber kaum Poren. Das hat zur Folge, dass die Pflanzwurzeln nicht an die Nährstoffe kommen, die sie zum Wachsen brauchen.
Sickerfähigkeit: Nahezu keine Wasserdurchlässigkeit, Gefahr von Staunässe.
Verbesserung: Der Boden sollte lockerer werden. Dies kann man durch Einarbeiten von Sand erreichen. Regenwürmer helfen uns bei der Arbeit. Durch Ausbringen von Mist oder Kompost holen wir diese in den Garten. Auch tiefwurzelnde Pflanzen wie Bitterlupinen, Sonnenblumen oder Kartoffeln haben eine durchlüftende Wirkung.
Pflanzenauswahl: Ton macht es Pflanzen schwer, diese müssen zeitweise Staunässe abkönnen. Recht gut gedeihen Präriestauden oder tiefwurzelnde Gehölze.

03 **Merkmale:** In diesem idealen Gartenboden ist die Mischung aus Sand, Schluff und Ton ausgeglichen. Wasser kann dieser Boden ebenso gut speichern wie Nährstoffe. Er lässt sich recht gut bearbeiten. Zudem hat er hohe organische Anteile, was man an seiner dunkelbraunen Farbe erkennt.
Sickerfähigkeit: Mittlere Wasserdurchlässigkeit.
Verbesserung: Im Grunde muss man bei diesem Boden nicht viel tun, er ist schon richtig gut. Damit er sich nicht verschlechtert, ist auf eine geschlossene Pflanzendecke zu achten. Im Frühjahr kann man eine ca. 5 cm dünne Schicht Kompost ausbringen.
Pflanzenauswahl: Von klassischen Beetstauden über Präriepflanzen und heimische Hochstaudenflur bis hin zu Gräsern – hier geht viel, auch Obst- und Gemüseanbau.

BODENBEDECKUNG – BAUSTEIN IM ALLWETTERGARTEN

Schauen wir in die Natur, findet sich außer auf gestörten Flächen wie nach einem Erdrutsch oder durch wühlende Tiere kaum offener Boden. Alles ist bedeckt, entweder direkt mit Vegetation oder mit abgestorbenen Pflanzenteilen wie Laub. Bodenlebewesen aller Art werden gefördert und dem Boden werden ganz im Sinne eines Kreislaufes Nährstoffe zugeführt.

Entscheidend ist, dass die Erde geschützt ist und an der Oberfläche nicht austrocknet. Dieser Schutz wirkt sich generell positiv auf den Wasserhaushalt im Boden aus, sowohl auf die Speicher- als auch auf die Sickerfähigkeit. Dies wird immer deutlicher bei Starkregenereignissen, bei denen auf vegetationsfreien Flächen wie Äckern das Wasser nur oberflächlich abfließt und nicht versickern kann.

MIT BODENDECKERN ENTSPANNT GÄRTNERN

Im Hinblick auf Attraktivität, Artenvielfalt und Pflegeleichtigkeit gibt es nichts Besseres als eine in sich stabile, komplett bodenbedeckende Bepflanzung. Sie sollte unser Ziel sein. Damit reduziert sich das Bewässern, im besten Fall entfällt es gänzlich, auch Bodenbearbeitung wie Hacken oder Jäten ist nicht nötig. Zudem liefern die Bodendecker nachhaltig Nährstoffe und sorgen mit ihren Wurzeln für lockeren Boden. Bis sie sich allerdings auf einer Fläche endgültig ausgebreitet haben, dauert es eine Weile: in Abhängigkeit von der Art der Pflanzung und Stückzahldichte. Auch in der klassischen Staudenpflanzung kann man nach dem Bodendecker-Prinzip arbeiten, nämlich in sogenannten Layern. So geben größere Blütenstauden das Design an und kleinere bilden die Unterpflanzung. Die Pflanzen beschatten sich gegenseitig. In der Anfangsphase dient eine organische Mulchung als nützliche Ergänzung, welche später verrottet.

Layer-Prinzip: Blütenstauden mit Unterpflanzung

MULCH – AKTIVER BODENSCHUTZ

Es gibt organisches wie mineralisches Mulchmaterial. Allen Materialien ist die schützende und unterstützende Wirkung auf den Boden und dessen Bewohner gemeinsam. Zudem hat eine Mulchung eine temperaturpuffende Wirkung: Bei der Tageswärme bleibt die Erde länger kühl, wohingegen in der Nacht Wärme abgegeben wird.

GEEIGNETE FLÄCHEN

Bei der Neuanlage von Pflanzbeeten wird Gießen allein keine Lösung sein (siehe S. 34). Hier sollten wir zukünftig immer ergänzend mit einer Mulchung arbeiten. Während trockener, heißer Wetterphasen schützen wir so den Boden und fördern damit den Pflanzenwuchs. Mulch werden wir dort verwenden, wo einzelne Pflanzen gesetzt

werden, aber nicht auf Ansaatflächen. Zwischen Stauden funktioniert eine mineralische oder organische Auflage, außer Rindenmulch. Diesen kann man zwischen Gehölzen einbauen.
Auch später in einer bestehenden Pflanzung ist eine Mulchauflage aus Kompost- oder Laubmull möglich, am besten wird er am Beginn der Vegetationspause, im frühen Winter, aufgebracht. Vor allem bei durchlässigen Böden wie Sand ist dies sinnvoll, da diese Böden immer wieder Nährstoffe benötigen. Dazu einfach jedes Jahr eine etwa 2 bis 3 cm starke Schicht aufbringen, auch teils über den Pflanzbestand – dieser schiebt ohne Probleme im Frühling wieder durch.

ORGANISCHES MULCHMATERIAL

In Bereichen unter Gehölzen, aber auch auf sonnigen bis schattigen Beeten bietet sich eine pflanzenunterstützende Mulchung an. Sie soll nur ein Zwischenstadium bis zur geschlossenen Vegetationsdecke darstellen. Organisches Mulchmaterial hat viele positive Eigenschaften: Es zersetzt sich im Lauf der Zeit, wirkt somit als Dünger, fördert den Humusaufbau, verbessert die Wasseraufnahmefähigkeit des anstehenden Bodens und bietet Lebensraum für viele Tiere. Manche Materialien wie Holzhäcksel verrotten langsamer, Laub hingegen etwas schneller.
Da all diese Stoffe pflanzlichen Ursprungs sind, können sie auch für Überraschungen sorgen. So wachsen auf Rindenstücken auch gern mal Pilze. Über Grasschnitt können auch Pflanzen in ein Beet Einzug halten, welche man dort nicht haben wollte.

MINERALISCHE MULCHUNG

In den sogenannten Schottergärten ist eine Bodenbedeckung aus Zierkies zu sehen. Doch diese Mulchung ist ohne Leben und hat mit einer „echten“ mineralischen Mulchung, bei der niemals ein Vlies oder Ähnliches verwendet wird, nichts zu tun. Soll mit einer mineralischen Mulchung gearbeitet werden, ist dafür ein sonniger Platz im Garten zu wählen. Dazu passt eine steppenartige Pflanzung. Hier wirkt sich neben dem generellen Schutz des Bodens sowohl die wärmende Wirkung als auch die Unterdrückung von Flugunkräutern positiv aus.

☞ MULCHARTEN UND IHRE EIGENSCHAFTEN

MATERIAL	EIGENSCHAFTEN	VERWENDUNG	SCHICHT-STÄRKE	AUSRICHTUNG	SICKER-FÄHIGKEIT
Rindenmulch / Holzhäcksel	langsam verrottend, hoher Gerbstoffgehalt	nur unter Gehölzen	10 cm	Schatten, Halbschatten	gut
Rindenkompost / Kompost	nährstoffreich, wärmend	Gehölze, Stauden, keine mediterranen Pflanzen	5 cm	Schatten, Halbschatten, Sonne	mittel
Rasenschnitt	nährstoffreich	Gehölze, Stauden, Gemüse	3–5 cm	Schatten, Halbschatten	schlecht
Stroh / *Miscanthus*-Häcksel	neutral, wärmend	Stauden, Kräuter, Gemüse	10 cm	Halbschatten, Sonne	mittel
Laub	nährstoffreich	Gehölze, Schattenstauden	bis 10 cm	Schatten, Halbschatten	schlecht
Kalk-Kiesel / -Splitt	kalkhaltig, wärmend	mediterrane Pflanzen, Kräuter, Stauden	5 cm	Sonne	sehr gut
Basalt-Splitt	neutral	Staudenbeete	5 cm	Sonne, Halbschatten	sehr gut

ZAUBERN
— *mit dem Mikroklima*

Man kann im Garten schon ein wenig Wettergott spielen und kleinräumig die vorherrschenden Temperaturen beeinflussen, sowohl kühlend als auch wärmend.

Es gibt natürlich immer wärmere Ecken wie eine Sonnenterrasse oder kühlere wie der schattige, östliche Bereich am Haus. Möchten wir zusätzlich in die eine oder andere Richtung etwas verändern, gibt es folgende Möglichkeiten.

KÜHLEND: TEICHE UND PFLANZEN

Große Wasserflächen bringen Abkühlung. Kombiniert man Wasser mit schönen, hohen Gehölzen, entstehen angenehme Oasen. Das wusste man schon früher in heißen Regionen, man denke da nur an die Gärten der Alhambra. Gartenteiche sind allerdings sowohl technisch als auch kostenmäßig aufwendig, aber auf alle Fälle eine gute Investition für die Zukunft. Ganz zu schweigen von dem Erlebniswert.

Was Gärten auszeichnet und die Temperaturen senkt, sind Pflanzen. Je mehr wir verwenden und je weniger versiegelte, sich erhitzende Flächen vorhanden sind, desto besser funktioniert die Abkühlung. Begrünung heißt die Devise: von Bodendeckern über Staudenbeete bis hin zu Bäumen. Diese sind der entscheidende Hebel zur Temperatursenkung. Zum einen direkt als Schattenspender, zum anderen durch ihre Verdunstung mit kühlender Wirkung. Und was geht noch? Analysieren Sie Ihr Grundstück, und so absurd es jetzt klingen mag: Falls es zugige Ecken gibt, könnten Sie diese positiv umfunktionieren – zu einem kleinen Sommer-Sitzplatz mit kühlendem Lüftchen.

WÄRMEND: HECKEN, MAUERN UND SENKGÄRTEN

Gestern wie heute werden wir auch Wärme suchen. Besonders in den Übergangsjahreszeiten lieben wir sie. Das kann an einer Süd-Hauswand sein oder in einer windgeschützten Ecke. Solche Bereiche kann man mithilfe einer bunten Windschutz-Hecke schaffen, aber auch mit einer Mauer. Gestalterisch etwas anspruchsvoller, aber mit einem wunderbaren Mikroklima sind Senkgärten. Dort staut sich die Hitze, hier können Mediterrane und Exoten ausprobiert werden. Mit Erfolg! Auch Natursteinmauern am Hang, wenn sie denn unter Tags besonnt werden, speichern Wärme. Diese strahlt auf ihre Umgebung aus und ermöglicht ebenfalls eine besondere Pflanzenauswahl.

01

01 *Schwimmteiche steigern den Erlebniswert im Garten. Darin kann man sich an heißen Sommertagen abkühlen. Gleichzeitig senken sie die Temperatur der Umgebung und bieten vielen Tieren einen Lebensraum.*

02 *Natursteinmauern, welche tagsüber besonnt werden, speichern die Wärme und geben sie ab dem Abend an ihre Umgebung ab. Deshalb lassen sie sich bestens mit wärmeliebenden und mediterranen Pflanzen kombinieren.*

03 *Unter Schatten spendenden Bäumen und größeren Gehölzen kann man es im Sommer gut aushalten.*

04 *Gemüse und Kräuter benötigen zum Wachsen Wärme. Sie werden durch Hecken vor Wind geschützt. Damit entsteht eine warme, windstille Oase.*

02

03

04

WASSER – KOSTBARES NASS

Wir sind gewohnt, dass Gärten grün und üppig aussehen. Doch dafür braucht es Wasser. Auch noch so trockenheitstolerante Pflanzen benötigen es. Da wir uns aufgrund der klimatischen Veränderungen nicht mehr auf Niederschläge verlassen können, müssen wir mit Wasser sparsam und intelligent umgehen.

Es braucht neue Konzepte und eine andere Pflanzauswahl – wir sollten unser bisheriges Bild von Gärten und vom Gärtnern überarbeiten.

WENIGER WASSER VERBRAUCHEN

Selbst Allwetterpflanzen brauchen Unterstützung, um zu überleben. Neben gesunden Böden und Mulch trägt auch die Beschattung des Bodens durch Pflanzen dazu bei, die Verdunstung der Gewächse und das Austrocknen des Bodens zu verringern. So lässt sich der Wasserverbrauch reduzieren.

So wenig wie möglich versiegeln!

VOM RICHTIGEN GIESSEN

Besonders in der Anwachsphase benötigen Pflanzen Wasser. Wenn es in dieser Zeit gar nicht regnet, führt kein Weg daran vorbei, doch einmal zu wässern. Auch Kübelpflanzen oder vor allem Gemüse kommen ohne Gießen nicht aus. Vergessen Sie teure Bewässerungssysteme, welche nach dem „Gießkannen-Prinzip" arbeiten. Bei Sprenkelanlagen werden hauptsächlich die Blätter nass, was unter anderem zur Bildung von Pilzkrankheiten führen kann. Zudem verbleiben die Wurzeln im oberen Bereich des Bodens. Auch Tröpfchenbewässerung regt die Pflanzen nicht an, in die Tiefe zu wachsen, obwohl wir wissen, wie wichtig tiefgehende Wurzeln sind. Zudem sieht es in der Praxis oftmals so aus, dass in einer Pflanzung gar nicht jede Pflanze Durst hat. Also bleibt: Am besten händisch gezielt und direkt am Wurzelhals der jeweiligen Pflanze wässern. Und da auch nicht mit der Menge sparen, damit das Wasser nach unten versickern kann. Das muss dann auch nicht so häufig sein: lieber seltener und dafür reichlich. Sinnvoll ist es, am frühen Morgen zu gießen: Da ist der Boden noch aufnahmefähig und hat Nachtfeuchte. Morgenmuffel dürfen auch spät abends ran.

MIT REGENWASSER WÄSSERN

In vielen Regionen ist es schon so weit: Gießen mit Leitungswasser ist nicht mehr erlaubt. Doch auch in allen anderen Gärten sollte im Garten nur noch Regenwasser genutzt werden. Zum Gießen ist es seit jeher die erste Wahl, denn es ist weich und damit ideal für Pflanzen geeignet. Um es in Trockenperioden zur Verfügung zu haben, kann Dachwasser zum Beispiel in niederschlagsreichen Phasen in großen, unterirdischen Zisternen oder Regentonnen aufgefangen werden.

VERSICKERUNG – NUR SO GELANGT DER REGEN INS GRUNDWASSER

Regenwasser füllt die Grundwasserspeicher regelmäßig auf, das ist überlebenswichtig. Doch dafür muss es dort erst einmal ankommen. Je weniger Flächen versiegelt werden, desto besser. Das gilt auch im Garten: Braucht es eine riesige Terrasse mit Plattenbelag? Würde in Teilbereichen nicht auch eine sickerfähige Kiesfläche wie in einem Biergarten funktionieren? Stellplatzflächen sollten grundsätzlich geschottert oder mit einem wasserdurchlässigen Belag befestigt werden. Darin kann sich auch eine ganz spezielle und interessante Vegetation entwickeln. Regen sollte optimalerweise dort versickern können, wo er auf den Boden trifft. Doch bei Starkregen klappt das oftmals nicht mehr, es braucht eine Entlastung. Dazu wird das Regenwasser in eine Versickerungsmulde (Retentionsmulde) geleitet, wo es sich zunächst sammelt und dann durch eine Kiesschicht zeitverzögert versickert.

RAINGARDEN

In den USA wird dieses Prinzip schon lange angewendet, gehören dort regional Starkregenereignisse inzwischen zum Alltag. Ein Raingarden ähnelt einer Retentionsmulde, bei der das Oberflächenwasser in eine Vertiefung eingeleitet wird. Die Mulde wird jedoch dicht mit bunten Stauden bepflanzt. Der Sicherheit wegen sollte sie groß genug und mindestens 3 m vom Haus entfernt sein.

SO GEHT'S

Heben Sie eine Senke aus und verfüllen Sie dann das Ganze etwas mit sandigem Boden. Als letzte Lage für guten Pflanzenbewuchs sollte noch eine Kompostschicht ausgebracht werden. Die Verfüllung fungiert damit als Speicher, kommt der Bepflanzung (siehe S. 80) zugute und das Regenwasser kann langsam in den Grund versickern.

Prinzip eines Raingardens mit Bepflanzung: Regenwasser wird in einer mit sandigem Boden verfüllten Mulde zunächst gespeichert und versickert zeitverzögert. Eine Deckschicht aus Kompost dient den Stauden in der Startphase als Nährsubstrat.

Selten steht in Sickermulden Wasser, dafür sorgt eine Drainage. Für Pflanzen ist es eher trocken.

PROBLEMZONE HANG

Im Garten kann das Niederschlagswasser in der Regel versickern. An Hängen ist das oftmals schwierig, hier fließt es oberflächlich ab. Eine üppige, hohe Staudenbepflanzung, beispielsweise mit Ausläufer treibenden Herbst-Anemonen *(Anemone hupehensis)*, schützt den Hang und ermöglicht, dass das Oberflächenwasser versickern kann. Ein kurzgehaltener Rasen hätte den gegenteiligen Effekt.

BEETANLAGE IM ALLWETTERGARTEN

Nach all den Basis-Informationen soll es jetzt endlich darum gehen, Beete in die Realität umzusetzen. Im Frühsommer, wenn es blüht und wächst, wächst auch die Lust, den eigenen Garten zu gestalten und Neues auszuprobieren. Doch das ist eigentlich der falsche Moment.

Aber Inspirationen können wir uns vorab schon einmal holen. Rollen wir es von hinten auf.

GESTALTUNG: DER RICHTIGE ZEITPUNKT

Zu pflanzen heißt heute mehr denn je mit der Natur zu gehen, und das, worauf wir uns verlassen können, einzubeziehen: die Winterfeuchte. Damit wird der Herbst immer mehr zu dem Pflanztermin schlechthin. Bis dahin sollten die Planungen stehen, die Gewächse bestellt und das Beet vorbereitet sein.
Im Anschluss wird der Pflanzbereich ausgewählt: nicht weniger als 10 m², damit sich eine stabile Pflanzengesellschaft entwickeln kann. Auf Basis der Standortfaktoren (Licht, Feuchtigkeit, Boden) und gestalterischer Ansprüche werden Ideen für die Pflanzen-Zusammenstellung entwickelt (siehe S. 46 ff.).

BODEN: NO DIGGING!

Auch wenn die sommerliche Hitze ab Ende August zu anderem einlädt: Jetzt sollten wir starten, damit ab Oktober gepflanzt werden kann. Inzwischen wissen wir, dass Böden die Grundlage für gesunde Pflanzen bilden und so wenig wie möglich gestört werden sollten. Also kein tiefes Umgraben mit dem Spaten! In Bereichen mit Bewuchs wie Rasen muss dieser entfernt werden. Am schonendsten ist es, mit einer Flachschaufel die obersten 3 cm abzuheben. Noch besser: eine Grabegabel verwenden und händisch die gelockerte Vegetation heraussammeln. Das dauert zwar ein wenig, aber je genauer wir arbeiten, desto weniger Aufwand fällt für die zukünftige Beetpflege an. Noch ein Tipp: Wenn der Boden etwas feucht ist, lassen sich die „Unkräuter“ mit ihren Wurzeln besser entfernen. Diese Methode begünstigt den Boden und seine Organismen, ist ohne maschinelle Hilfe gut zu bewältigen und schont am Ende auch den Geldbeutel.

EINKAUF: PFLANZEN, HILFSSTOFFE UND MULCH

Anhand der vorbereiteten Beetgröße wird die endgültige Pflanzliste mit Stückzahl erstellt. Prüfen Sie noch einmal, ob die ausgewählten Pflanzen robust und für den Platz geeignet sind. Nun im Herbst können wir bei der Pflanzung von Gehölzen wie Wildhecken und heimischen Zier- oder Obstgehölzen auch die deutlich günstigere wurzelnackte Ware, also ohne Erdballen, verwenden. Bei einer reinen Staudenbepflanzung benötigt man je nach Artenzusammenstellung zwischen vier bis maximal sieben Pflanzen pro Quadratmeter, möchte man nach dem Layer-Prinzip (siehe S. 30) pflanzen, etwas mehr. Die Bestellung bei der Gärtnerei kann nun laufen. Jetzt noch zum Boden. Passt er so? Sollte er etwas verbessert werden? (siehe S. 29). Eine kleine, ca.

5 cm hohe Schicht Kompost, die mit einem Metallrechen leicht eingearbeitet wird, schadet den meisten Böden nicht.
Zum Schluss wird Mulch besorgt – je nach Zieldesign und Standort (siehe S. 31). Erst mal neben dem Beet lagern!

FINALE: DIE PFLANZUNG

Im Garten ist Geduld angesagt. Zwischen der ersten Idee im Sommer und der anstehenden Pflanzung vergehen ein paar Wochen. Aber das ist auch gut so. Vielleicht haben sich in der Zwischenzeit noch ein paar unerwünschte Gewächse gezeigt? Dann besteht jetzt noch die Möglichkeit, diese zu entfernen, ohne die zukünftigen Überlebenskünstler zu stören. Und so geht's weiter:

1. Gehölze und Rosen auslegen, Pflanzlöcher je nach Größe der Wurzelballen ausheben, eventuell in das Loch etwas Mykorrhiza zugeben und die Gehölze setzen, aber nie tiefer als sie ursprünglich gewachsen sind: Der Pflanzenhals muss herausschauen.
2. Stauden auslegen: Erst die Dominanten (Leitstauden) verteilen, dazwischen die Füllstauden und Bodendecker.
3. Wenn alle liegen, mit einem letzten kritischen Blick darüberschauen. Passt alles?
4. An den jeweiligen Stellen der Größe der Pflanzware entsprechende Löcher ausheben. Wenn die Wurzelballen trocken sind, empfiehlt es sich, einen Eimer mit Wasser neben sich zu haben, und die Pflanzen darin direkt vor dem Pflanzen zu tauchen. Damit haben sie für den Start schon mal genügend Feuchtigkeit. Die Stauden so tief setzen, wie sie im Topf wuchsen, nicht tiefer.
5. Sieht das Pflanzkonzept im Frühling blühende Zwiebelblumen Narzissen vor, werden diese jetzt gesteckt.

GIESSEN – NUR IM NOTFALL

Aufwendiges Wässern entfällt im Normalfall, wir haben uns ja bewusst für eine Herbstpflanzung entschieden. Da ziehen sich die Pflanzen zurück, Gehölze lassen ihr Laub fallen und verdunsten kein Wasser mehr. Die herbstliche Nacht und später die Winterfeuchte sollten ausreichen, damit das Wurzelwachstum der frisch gesetzten Pflanzen einsetzt. Bodentemperaturen zwischen 8 und 20 °C sind dafür nötig, welche im Herbst leicht erreicht werden.

Stauden auf dem gut vorbereiteten Beet auslegen.

Vor dem Pflanzen Stauden in Wasser tauchen.

Pflanzlöcher ausheben und Stauden hineinsetzen.

PFLEGE DURCH DAS GARTENJAHR

Mit der Natur im Garten zu arbeiten, war schon immer der richtige Ansatz. Heute erst recht. Zum einen sparen wir wichtige Ressourcen wie Wasser. Zum anderen fördern wir die Artenvielfalt und reduzieren den Pflegeaufwand.

FRÜHLING

STAUDENBEET – START INS JAHR

Bevor die ersten Stauden und Frühjahrszwiebeln austreiben, steht einiges an. Ohne die zarten Keimlinge zu schädigen, kann auf den Beeten schonend gearbeitet werden. Nun ist der richtige Zeitpunkt, die noch vom letzten Jahr stehen gelassenen, abgestorbenen Stängel der Stauden abzuschneiden. Schnittgut kommt auf den Komposthaufen. Schon partiell verrottetes Laub kann dort, wo es offensichtlich stört, eingesammelt werden. Ansonsten bleibt es wie eine natürliche Mulchschicht liegen. Die Pflanzen „arbeiten" sich da schon durch. Apropos Mulch: Jetzt ist auch der Moment, an dem, falls nötig, die Mulchschicht ergänzt werden darf. Dies ist vor allem dann sinnvoll, wenn die Pflanzung noch recht jung ist und die Stauden selbst noch nicht die Aufgabe einer Bodenbedeckung übernommen haben.

Keine Sorge: Viele Pflanzen treiben nach einem Frostschaden im Frühling wieder aus, wie dieser Mönchspfeffer.

WIESEN UND ANDERE GRÜNFLÄCHEN

Wiesen stehen auch zu Beginn des Vegetationsjahrs in den Startlöchern und brauchen Licht zum Austreiben. Sicherlich liegt noch im einen oder anderen Bereich Herbstlaub von Gehölzen. Das sollte nun final zusammengerecht und entfernt werden. Je nach Menge muss dies aber nicht auf dem Kompost verfrachtet werden, es liegt auch gut am Fuß von Gehölzen oder unter einer Hecke – die schonendste und tierfreundlichste Verwendung, da sich im Laub eine ganze Menge an Kleinsttieren und Larven befinden. Sie warten nur darauf, dass es wärmer wird und sie sich entwickeln können.

KOMPOST – KREISLAUFWIRTSCHAFT ZU HAUSE

Jetzt ist es Zeit, den Kompost umzusetzen: Das Unterste kommt nun nach oben. Damit wird die Durchlüftung gefördert und das Material verrottet besser. Etwas Vorsicht ist geboten, denn solch ein Haufen ist ein beliebter Überwinterungsplatz für Tiere, auch größere wie Blindschleichen oder Spitzmäuse.

Fertiger Kompost wird im Gemüsebeet eingearbeitet und zur Bodenverbesserung auf Pflanzflächen verteilt, wo er gebraucht wird. Auf keinen Fall den fertigen Kompost vorher sieben, wie oft geraten wird. Das ist weder förderlich noch notwendig.

SOMMER

Bei passender Pflanzenauswahl sollte das Thema „Gießen" (siehe S. 34) nur im äußersten Notfall erfolgen. Wer im Herbst pflanzen möchte, kann im Spätsommer schon mal mit den Beetvorbereitungen beginnen.

KRANKHEITEN UND SCHÄDLINGE

Es blüht im Garten, die Pflanzen wachsen. Doch manche sind gerade wegen der Wetterextreme gestresst: Es treten sowohl bekannte Probleme auf, die durch die Klimaerwärmung verstärkt werden, aber auch ganz neue Schwierigkeiten (siehe unten). Pilze gab es zwar schon vorher, aber sie finden nun bessere Voraussetzungen, Pflanzen zu schaden. Bei warmer, feuchter Witterung haben wir es vor allem mit Mehltau zu tun. Gehölze, welchen die Trockenheit zugesetzt hat, werden anfälliger gegenüber Rostpilzen.
Im Klimawandel gibt es auch Gewinner. Dazu gehören leider auch ein paar pflanzenschädigende Gesellen. Durch die immer milderen Winter können nun Tiere bei uns überleben, welche es sonst gar nicht geschafft hätten. Dann gibt es andere, welche im Zuge der Globalisierung bei uns eingeschleppt wurden. Auch können sich heimische Schädlinge wegen der langen Wärmephasen öfters vermehren. Die Populationen wachsen stark an. Aber die gute Nachricht ist und bleibt: Ein vielseitiger, ökologisch hochwertiger Garten, in dem sich Tiere wie Vögel aufhalten, in dem unterschiedlichste Blütenpflanzen wachsen und der damit vielen Insekten Nahrung liefert, ist die Basis für gesunde Pflanzen. Der Garten muss ins Gleichgewicht kommen. Deshalb sollten wir geduldig sein, wenn auf einer Rosenknospe beispielsweise ein paar Blattläuse sitzen. Sicherlich kommen bald auch schon Ameisen, Marienkäfer oder Meisen auf Nahrungssuche. Viele sogenannte Fraßschädlinge wie Schmetterlingsraupen sind lediglich Vorstadien zu Faltern. Das sollten wir lernen zu ertragen. Und ganz klar: auf keinen Fall chemische Pflanzenschutzmittel spritzen. Meiner Erfahrung nach lösen sich in einem naturnahen Garten die Probleme nach einiger Zeit von selbst.

☞ KRANKHEITEN UND SCHÄDLINGE AUF EINEN BLICK

ART	SCHADBILD	PROW	URSACHE	LÖSUNG
PILZKRANKHEITEN				
ECHTER MEHLTAU	weißlicher Belag auf den Blättern	Laubfall bis zum Triebsterben	schwülwarme Witterung im Sommer	resistente Sorten wählen, befallene Partien entfernen, luftiger Standort, nicht von oben gießen
ROSTPILZE	rotbraune Pusteln auf den Blättern, später Blattverfärbung	befallene Blätter sterben und fallen ab	schwülwarme Witterung im Sommer	resistente Sorten wählen, befallene Partien entfernen, luftiger Standort, nicht von oben gießen
SCHÄDLINGE				
BLATTLÄUSE	Saugtätigkeit schwächt kurzzeitig Pflanzen	Überträger von Pflanzenviren	trockener Frühsommer	Mischkultur, naturnahe Pflanzung, Nützlinge fördern
ZIKADEN	Saugtätigkeit, weiße kleine Flecken	Überträger von Viren und Pilzen	Monokulturen, warmes Wetter	naturnahe Pflanzung, Nützlinge fördern
WANZEN	kleine Einstichstellen und Lochfraß	Triebe und Knospen verkümmern, sterben ab	trockene, warme Witterung	feuchter Boden durch Mulchung, Nützlinge fördern

Marienkäfer und ihre Larven sind immer auf der Jagd nach Blattläusen.

HERBST

ENDLICH PFLANZZEIT

Wegen der zuverlässigen Winterniederschläge hat sich der Herbst als die Jahreszeit für Pflanzungen herausgestellt (siehe S. 37), egal ob für Stauden, Zwiebelblumen oder Gehölze. Bäume und Sträucher sind zwar fast ganzjährig in Containern verfügbar, aber das ändert nichts an dem Grundproblem: Frühjahrs- und Sommertrockenheit. Wer im Herbst pflanzt, hat zudem den Vorteil, dass Baumschulen jetzt mehr Arten in unterschiedlichsten Größen und Qualitäten vorrätig haben. Mein Tipp: Nicht zu große Exemplare wählen. Kleinere Pflanzware wurzeln besser und passen sich dem neuen Standort gut an.

PFLANZENSTÄRKUNG UND BODENHILFSSTOFFE

Die meisten Pflanzen benötigen, wenn wir sie standortgerecht gepflanzt haben, gar keine Düngung, ganz im Gegenteil: Viele sind regelrechte Hungerkünstler und mögen es eher mager. Ohne, dass wir einen Einfluss darauf haben, werden sie mit Stickstoff versorgt, und zwar aus der Luft. Unter natürlichen Verhältnissen kommt über die Luft 1 kg Stickstoff auf 1 ha (10 000 m^2). Heute sind es in Mitteleuropa beängstigende Werte von bis zu 80 kg. Das ist der Grund dafür, weshalb wir im Garten kaum noch Stickstoff hinzufügen müssen und schon gar nicht mineralischen Kunstdünger. Unter bestimmten Voraussetzungen, beispielsweise in Gemüse- oder Bauerngärten, mag es trotzdem sinnvoll sein, den Boden zu stärken. Eine Kombination aus Mulchung und Düngung ist das Ausbringen von Mist, am besten abgelagerter Pferdemist, welcher zusätzlich zu seinen Nährstoffen auch noch viele nützliche Regenwürmer enthält (siehe S. 27). Sehr langsam zersetzen sich Hornspäne, welche den Pflanzen somit langfristig und kontinuierlich Nahrung liefern – bitte leicht in den Boden einarbeiten! Wer die Möglichkeit hat, Schafwolle aufzutreiben, der sollte sich ein paar Säcke zulegen. Denn diese ist ein grandioser Langzeitdünger und kostet nicht viel. Manche Schäfer sind froh, sie loszubekommen, da sie (noch) nicht wertgeschätzt wird. Einfach etwas Schafwolle ins Pflanzloch legen, Pflanze draufsetzen und Erde auffüllen. Aber nur bei Gewächsen, die einen hohen Nährstoffbedarf haben (Starkzehrer). Nach der Herbstdüngung werden die Bodenorganismen anfangen, die Hilfsstoffe zu zersetzen. Damit stehen die Nährstoffe den Pflanzen im Frühling, wenn das Wachstum beginnt, rechtzeitig zur Verfügung.

MYKORRHIZA IN DER PRAXIS

Die grundlegende und positive Wirkung von Mykorrhizen wurde bereits aufgezeigt (siehe S. 28). Laubgehölze werden bei Trockenheit, Nährstoffmangel und Schadstoffbelastungen damit unterstützt. Noch ein paar Worte zur Anwendung: Inzwischen gibt es Mykorrhiza-Pilze im Handel. Da es sich um „lebende“ Ware handelt, ist sie nicht lange haltbar. Sobald feststeht, wann die Pflanzung ansteht, sollten Sie die Mykorrhizen im Fachhandel kaufen und sofort verbrauchen. Dazu bei der Pflanzung ins Pflanzloch, und zwar direkt an die Wurzeln geben.

WINTER

LAUB UND GEHÖLZSCHNITT

Im Staudenbeet bleiben alle abgestorbenen Pflanzenteile bis ins Frühjahr hinein stehen.
Das im Herbst von Bäumen herabgefallene Laub sollte von Wiesen, Rasenflächen oder niedrigen, immergrünen Flächenbegrünern entfernt werden. Diese ziehen in der kalten Jahreszeit nicht ein

und benötigen Licht. Da immer weniger Schnee liegt, fehlt einigen anderen Pflanzen bei Kahlfrost dessen schützende Wirkung. Die Lösung: Das zusammengerechte Laub einfach auf empfindliche Stauden- oder Rosenbeete packen und erst im Frühling endgültig auf den Kompost werfen.
Im späten Winter steht der Gehölzschnitt an. Vor allem Obstbäume, Beerensträucher und Rosen sollten jährlich ausgelichtet werden, auch um Pilzerkrankungen vorzubeugen.

SELBST BAUEN: OASEN FÜR TIERE

Sicher unterstützen wir mit den richtigen Pflanzen die Tiere im Garten: Bienen freuen sich über blühende Stauden und Vögel über herbstliche Wildfrüchte. Aber Futter reicht nicht aus, die Tiere benötigen auch Wohn- und Nistplätze. Nutzen wir den ruhigen Winter im Garten, um uns damit auseinanderzusetzen. Bei Spaziergängen können wir für unsere Projekte einiges sammeln. So brauchen viele Käfer und deren Larven abgestorbenes Holz in unterschiedlicher Stärke als Lebensraum. Einfach ein paar Äste im Garten platzieren, fertig ist die Totholzskulptur.
Hübsch und zugleich nützlich sind Insektenhotels. Am besten selbst bauen, es gibt dazu gute Anleitungen. Auch dafür finden wir viele Materialien in der Natur wie hohle Stängel unterschiedlichster Stärken. Überhaupt sind jetzt im Winter Bastler gefragt: zunächst noch ein Vogelfutter-Häuschen für eine Ganzjahresfütterung oder einen Eichhörnchen-Fresstisch zimmern. Dann kommen die Nistkästen dran, je nach Vogelart in unterschiedlicher Bauweise. Noch nicht so bekannt sind Fledermaus-Kästen, die Bauart ist ähnlich. Hilfreiche Infos dazu gibt es beim NABU (www.nabu.de).

Bei der Pflanzung ist es sinnvoll, Mykorrhiza in Form von Granulat ins Pflanzloch zu geben.

☞ ORGANISCHER DÜNGER

BODENHILFSSTOFF	ANWENDUNG	NUTZEN	PFLANZEN
Hornspäne	locker auf den Boden streuen und leicht einarbeiten	Langzeitdünger Stickstoff	Stauden mit hohem Nährstoffbedarf, Gemüse (v. a. Starkzehrer)
Schafwolle	direkt bei der Pflanzung ins Pflanzloch geben	Langzeitdünger, Mehrnährstoffdünger	Stauden mit hohem Nährstoffbedarf, Sträucher
Pferdemist	auf Pflanzbeeten und Baumteller verteilen	Langzeitdünger, Mehrnährstoffdünger, Humusaufbau	Obstbäume, Beerensträucher, Rosen
Kompost	auf Pflanzbeeten verteilen	je nach Zusammensetzung Mehrnährstoffdünger und/oder Bodenverbesserung	Stauden mit hohem Nährstoffbedarf, Gemüse
Mykorrhiza	direkt bei der Pflanzung ins Pflanzloch geben	fördert Wachstum, Nährstoff- und Wasseraufnahme	Gehölze, vor allem Bäume

GARTEN-SITUATIONEN & MUSTERBEETE

— im Allwettergarten

VON ÜBERLEBENSKÜNSTLERN

Das Thema „Trockenheit" wird uns in vielen Teilen Mitteleuropas nicht mehr loslassen. Bei der Verwendung von Pflanzen wird daher darauf weiterhin ein Hauptaugenmerk liegen. Aber was bisher nicht so klar war: Es wird außerdem auch immer wieder extreme Wettersituationen wie Hochwasser oder Nassschnee geben.

Bei der Zusammenstellung der Pflanzen habe ich darauf geachtet, dass die Arten zum einen Durststrecken überstehen, zum anderen es aber auch ertragen, wenn es mal schüttet – Überlebenskünstler eben.
Bisher haben wir bei der Pflanzenverwendung meist auf die jeweiligen Gartensituationen reagiert. Aber warum drehen wir das Ganze nicht um, indem wir unseren Garten ganz bewusst und aktiv mit bestimmten Pflanzen klimafreundlicher gestalten? Das geht nicht von heute auf morgen, aber mit einer Vision und einer klaren Zielvorstellung tut man sich leichter.

AKTIV WERDEN

Im Garten mit Pflanzen zu arbeiten, erfordert immer Geduld. Und mit Sträuchern und Bäumen, die irgendwann einmal schöne Schattenspender sein sollen, erst recht. Mit Schnelligkeit und Ungeduld kommt man hier nicht weiter. Hat man das verinnerlicht, kann man in einem Garten als Gegenpol zu unserer hektischen Zeit sehr gut leben und entschleunigen. Da alles im Garten seine Zeit benötigt und wir mehr denn je mit Vegetationsphasen und Pflanzzeiten arbeiten müssen, sollte man nichts übereilen, aber auch nicht allzu lange warten, um den Garten für die Zukunft fit zu machen. Beginnen Sie deshalb mit Gehölzpflanzungen als zukünftige Schattenspender (siehe S. 37). Auch ist von Anfang an darüber nachzudenken, wie man das Kleinklima bei sich im Garten positiv verändern könnte, beispielsweise durch einen kleinen Teich (siehe S. 78). Letztendlich ist es nötig, die schon bestehenden Pflanzen einem „Klimacheck" zu unterziehen (siehe vordere Innenklappe). Gießen wird in Zukunft nur noch die letzte aller Lösungen sein. Die Gewächse müssen es schlichtweg allein schaffen zu überleben. Es kann und wird passieren, dass sich die eine oder andere Bestandspflanze von selbst verabschiedet. Das darf sie, dann passen eben die Umstände nicht mehr. Und somit haben wir die Möglichkeit, neue Pflanzen zu setzen, also aktiv zu reagieren.

WILDPFLANZEN – DAS BESTE FÜR DIE HEIMISCHE TIERWELT!

„Was der Bauer nicht kennt, das frisst er nicht". Dieses Sprichwort kann man wunderbar auch auf unsere Wildtiere anwenden. So verschmähen beispielsweise Amseln die Früchte der Nordamerikanischen Vogelbeere, Schmetterlingsraupen fressen uneingeschränkt an Wildpflanzen und sehr viele Wildbienen-Arten sammeln Nektar und Pollen nur von heimischen Arten.

WOHLFÜHL-OASEN FÜR MENSCH UND TIER

Wenn auf den folgenden Seiten Pflanz- und Kombinationsvorschläge gemacht werden, stehen diese neben ihrer Robustheit auch immer unter dem Zeichen „tierfreundlich“. Wenn wir heute Gärten anlegen, sollte es selbstverständlich sein, dass diese nicht nur uns gefallen, sondern zugleich Lebens- und Nahrungsraum für die heimische Tierwelt darstellen. Das können beerentragende Bäume sein, welche Vögel anlocken, oder heimische, blühende Wildstauden, mit denen wir Wildbienen und Schmetterlinge fördern. Da entsteht eine wunderbare Win-win-Situation: Die Tierwelt hat etwas davon und wir können diese beobachten und uns an ihr erfreuen. Im Folgenden wird auf diesen Aspekt nicht mehr explizit hingewiesen, alle Pflanzen wurden aber daraufhin ausgewählt. Denn für mich als Pflanzenverwenderin gehört es einfach dazu, der Tierwelt etwas zurückzugeben.

Schmetterlinge laben sich am Nektar des Zwerg-Alants. Er blüht im Sommer und verträgt Trockenheit gut.

Apfelbäume bereichern unsere Gärten: Sie blühen im Frühling, spenden Schatten und liefern Obst.

Wie im Wald: Gräser, Stauden und Zwiebelpflanzen bilden eine vielfältige Krautschicht.

SCHATTENBEETE

Wenn die Temperaturen im Sommer auf´s Unerträgliche steigen, dann suchen wir den Schatten. Aus Erfahrung wissen wir, dass Naturschatten – unter Gehölzen – am angenehmsten ist. Denn Pflanzen verdunsten Feuchtigkeit, welche zugleich für Abkühlung sorgt. Grün verschafft Linderung.

WIE IM WALD

Glücklich dürfen sich heute Gartenbesitzerinnen und -besitzer schätzen, die große Bäume oder gar waldartige Partien haben. In einem Waldgarten ist es kühl, die Erde humos und mit einem hohen organischen Anteil.

Um die attraktiven Schattenstauden erleben zu können, schlängelt sich in unserem Beispiel ein kleiner Weg aus Rindenmulch durch den Bereich. Waldgärten haben ihren Blühhöhepunkt im Frühling. Durch die schütteren Baumkronen kommt jetzt noch genügend Licht auf den Boden, genau richtig für Waldstauden. Später im Jahr treiben sie meist schöne Blätter oder ziehen komplett ein wie das unkomplizierte blau blühende Spanische Hasenglöckchen *(Hyacinthoides hispanica)*. Übrigens auch in Weiß oder Rosa erhältlich. Im Lauf der Jahre bildet das Hasenglöckchen durch kurze Ausläufer oder Aussaat attraktive Bestände.

Eine perfekte Ergänzung, sowohl farblich als auch in Bezug auf den Blühzeitpunkt, sind das Gedenkemein *(Omphalodes verna)* und das Kaukasusvergissmeinnicht *(Brunnera macrophylla)*. Bei beiden handelt es sich um altbewährte Stauden für schattige Partien, die sich nur durch Größe und Wuchsverhalten unterscheiden. So schiebt

das horstig wachsende Kaukasusvergissmeinnicht während seiner Blühphase größere, raue Blätter. Diese sind eher dunkel, wobei es zwischenzeitlich auch interessante Blattschmuck-Sorten gibt. Es samt sich gern aus, ohne lästig zu werden. Das Gedenkemein ist deutlich kleiner, hat etwas helleres Laub und ist ein echter Bodendecker.
Passend zum Thema wird das Ganze mit der wintergrünen Wald-Marbel *(Luzula sylvatica)* ergänzt.
Obwohl diese Pflanzen es eigentlich nicht zu trocken haben wollen, überstehen sie durch ihre gegenseitige Beschattung auch Durststrecken.

DIE MACHEN DICHT – BODENDECKER

Viele bekannte und robuste Bodendecker haben ihren Ursprung im Wald. Dort bilden sie im Lauf der Jahre schöne, große Matten. Machen wir uns das im Garten zunutze! Denn wo sich diese Arten einmal etabliert haben, kommt außer ihnen nichts mehr durch. Das erspart uns sehr viel Arbeit: kein Jäten, kein Gießen, oftmals müssen die Pflanzen nicht einmal zurückgeschnitten werden, wie das heimische Kleine Immergrün *(Vinca minor)*. Wie der Name schon verrät, sind seine Blätter das ganze Jahr über grün, im Frühling erfreut es dazu noch mit seinen lila-blauen Blüten.
Dazu passt sehr schön der Echte Waldmeister *(Galium odoratum)*, welcher rechtzeitig zur Mai-Bowle weiß erblüht.

Einkaufliste

WIE IM WALD (10 M²)

- ☐ 15 × Kaukasusvergissmeinnicht, *Brunnera macrophylla*
- ☐ 120 × Spanisches Hasenglöckchen, *Hyacinthoides hispanica* (Zwiebeln, in Sorten)
- ☐ 20 × Wald-Marbel, *Luzula sylvatica*
- ☐ 35 × Gedenkemein, *Omphalodes verna*

Für schwierige Standorte eignet sich der Balkan-Storchschnabel (*Geranium macrorrhizum* 'Czakor'). Er schiebt ab Mai seine intensiv purpurrosafarbenen Blüten und wartet im Herbst nochmals mit einem Highlight auf, einer wunderschönen Herbstfärbung seiner Blätter. Einmal eingewachsen, funktioniert er auch bestens an trockenen Problemstandorten.

Gut kombiniert: Kleines Immergrün und Waldmeister

Der Balkan-Storchschnabel mag es eher humos.

WALDGARTEN-BEET

GEHÖLZE

Wer noch keine schattigen Partien im Garten hat, muss zunächst Gehölze pflanzen. Erst wenn diese groß genug sind, können Schattenstauden darunter gedeihen. Um Bäume oder Sträucher unterpflanzen zu können, sollten sie flach wurzeln. Gut geeignet ist dafür die Kupfer-Felsenbirne *(Amelanchier lamarckii)*. Sie wächst als Großstrauch recht zügig, blüht im Frühling weiß und trägt im Sommer kleine, säuerliche, essbare Früchte. Letztes Highlight: Im Herbst verfärben sich ihre Blätter orangerot.

SCHATTENSTAUDEN UND GRÄSER

Diese 15 m² umfassende Mischpflanzung lebt von Strukturen wie höheren Blütenständen. Die großblättrigen Stauden stehen im guten Kontrast zu den Gräsern. Den Hintergrund bildet die bis zu 1 m hohe wintergrüne Riesen-Segge *(Carex pendula)*. Dazu gesellt sich die etwas kleinere, im Mai/Juni zartlila blühende Mondviole *(Lunaria rediviva)*, welche den Garten im Herbst mit silbrigen Samenschoten ziert. Am Gehölzfuß wächst der unverwüstliche Rauling *(Trachystemon orientalis)*. Er wird ca. 40 cm hoch und hat gesundes Laub sowie nicht nur für uns Menschen interessante, blaue Blüten – im Frühling ein absoluter Hummel-Magnet.

Die etwa 30 cm hohen weißen Blütenstände der Lauchkraut-Glockenblume *(Campanula alliariifolia)* leuchten im Hochsommer hell aus der Pflanzung heraus. Sie entwickelt mit der Zeit Ausläufer, was aber nicht schadet. Sie ist unglaublich schön und wird, untypisch für Glockenblumen, von Schnecken eher gemieden. Zartrosa blüht der Balkan-Storchenschnabel von Mai bis Juli, hier die nicht ganz so starkwüchsige Sorte 'Ingwersen's Variety'. Im Herbst leuchten ihre Blätter gold-orange. Als immergrüne Akzente wurden hier eine rosa blühende Lenzrose *(Helleborus orientalis)* und der attraktive, ca. 80 cm hohe Schildfarn *(Polystichum setiferum)* gepflanzt. Im Vordergrund stehen die niedrig bleibende Pilzkopf-Segge 'The Beatles' *(Carex caryophyllea)* und das blau blühende Kaukasusvergissmeinnicht *(Brunnera macrophylla)*. Um einen natürlichen Charakter zu erhalten, wurde bei ihr auf die Wahl einer Sorte verzichtet. Insgesamt ist diese Kombination für einen halbschattigen Standort perfekt geeignet. Der Boden darf von humos bis sandiger Lehm sein, auch Trockenheit wird vertragen. Also eine recht robuste Sache!

Einkaufsliste

WALDGARTEN-BEET (15 M²)

- ☐ 10 × Kaukasusvergissmeinnicht, *Brunnera macrophylla*
- ☐ 5 × Lauchkraut-Glockenblume, *Campanula alliariifolia*
- ☐ 13 × Pilzkopfsegge, *Carex caryophyllea* 'The Beatles'
- ☐ 3 × Riesen-Segge, *Carex pendula*
- ☐ 10 × Balkan-Storchschnabel, *Geranium macrorrhizum* 'Ingwersen's Variety'
- ☐ 4 × Lenzrose, *Helleborus orientalis*
- ☐ 4 × Mondviole, *Lunaria rediviva*
- ☐ 3 × Schildfarn, *Polystichum setiferum*
- ☐ 9 × Rauling, *Trachystemon orientalis*

Robuste Unterpflanzung für Gehölze: der Rauling

Waldgarten-Beet: Der Pflanzplan zeigt eine Felsenbirne als Schattenspender und darunter die Staudenpflanzung. Die hinterlegten Quadrate entsprechen 1 m² im Garten.

Waldgarten-Beet – robust, attraktiv und wildbienentauglich

GRÜNER TEPPICH MIT SONNENFLECKEN

Für kleinere Gärten eignet sich recht gut der Feld-Ahorn *(Acer campestre)*. Es gibt ihn als Hochstamm, der wie ein Kleinbaum wirkt, aber auch mehrstämmig als Großstrauch, wie hier. Seine kleineren, abgerundeten Blätter erstrahlen im Herbst goldgelb.

STAUDEN ALS UNTERPFLANZUNG

Um den Waldcharakter zu verstärken, wurde mit einer ruhigen Pflanzung dankbarer Stauden gearbeitet. Die ab April gelb blühende Elfenblume *(Epimedium × perralchicum* 'Frohnleiten') breitet sich langsam aus und wächst teppichartig. Ihre Blüten und auch die wintergrünen Blätter stehen auf zarten Stielen. Sie tanzen regelrecht über dem Boden. Im Herbst verfärben sich die Blätter rostrot. Neben dieser Elfenblume gibt es noch eine Menge anderer Arten und Sorten, wobei 'Frohnleiten' zu den unkompliziertesten zählt.

Die Falsche Alraunwurzel *(Tellima grandiflora)* als Blattschmuckstaude bildet einen schönen Kontrast zur Elfenblume. Auch ihre Blätter sind wintergrün, verfärben sich allerdings im Herbst nicht. Sie macht keine Ausläufer, kann sich aber mit den Jahren versamen, ohne lästig zu sein. Ihre fast 70 cm hohen, kerzenartigen Blütenstände, an denen die grüngelben Blütenglöckchen hängen, bringen im Frühling eine aufrechte Struktur ins Beet.

Immer schön in schattigen Partien sind Pflanzen mit hellen Blüten: Das schneeweiße Spanische Hasenglöckchen *(Hyacinthoides hispanica* 'Alba Maxima') leuchtet wie Sonnenstrahlen heraus. Nach der Blüte vergilben seine schmal-lanzettlichen Blätter und legen sich auf dem Boden ab. Würde man das Hasenglöckchen allein setzen, wäre das eine unattraktive Lösung. Aber in Kombination mit Stauden werden die welken Blätter der Zwiebelpflanze kaschiert. Das hat nicht nur den Vorteil, dass wir sie nicht mehr sehen. Auch können die Blätter der Geophyten in Ruhe einziehen, die Zwiebeln an sich werden so gestärkt. Neben dem Spanischen Hasenglöckchen gibt es auch noch das Englische: *Hyacinthoides non-scripta*. Seine violettblauen Blüten sind deutlich zarter und es liebt feuchtes Klima. Wer das nicht bieten kann, entscheidet sich lieber für das Spanische.

Einkaufsliste

GRÜNER TEPPICH MIT SONNENFLECKEN (10 M²)

- ☐ 40 × Elfenblume, *Epimedium × perralchicum* 'Frohnleiten'
- ☐ 120 × Spanisches Hasenglöckchen, *Hyacinthoides hispanica* 'Alba Maxima' (Zwiebeln)
- ☐ 40 × Falsche Alraunwurzel, *Tellima grandiflora*

ALPENVEILCHEN AM LAUFENDEN BAND

Langsam spricht es sich herum, dass wilde Alpenveilchen, *Cyclamen* in Arten und Sorten, am rechten Platz unkompliziert, langlebig und ein absoluter Renner sind. Alle mögen sie einen halbschattigen Standort, am besten unter Sträuchern, wie hier unter dem Pfaffenhütchen *(Euonymus europaeus)*.

Im sehr zeitigen Frühling, manchmal schon im Winter geht es mit dem Frühlings-Alpenveilchen *(Cyclamen coum)* los. Neben Winterlingen, Krokussen und Schneeglöckchen bieten seine Blüten den ersten Wildbienen reichlich Nahrung. Da es sich im Lauf der Jahre durch Aussaat gut vermehrt, entstehen wunderbare Blütenteppiche – in farblichen Abweichungen von Dunkelpink bis Zartrosa. Im Sommer wird es von dem heimischen *Cyclamen purpurascens* abgelöst, bis dann im Herbst langanhaltend *Cyclamen hederifolium* blüht. Es steckt schon in seinem Namen, das Efeublättrige. Nach der Blüte erscheinen die sehr attraktiven Blätter, welche den Garten den Winter über zieren.

Alle genannten *Cyclamen*-Arten lieben Kalk und vertragen Sommertrockenheit sehr gut. Sie sind als Topfware oder Knollen erhältlich. Einmal erfolgreich ausprobiert, kann man nicht mehr von ihnen lassen.

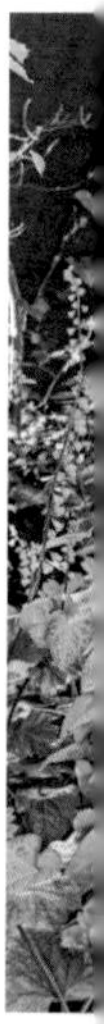

01

02

03

GEHÖLZE: AUF DIE WURZELN KOMMT ES AN

Egal, ob im Waldgarten oder in einer artenreichen Strauchunterpflanzung, die schattenspendenden Gehölze sollten in die Tiefe wurzeln. Denn damit stehen sie nicht in Nährstoff- und Wasserkonkurrenz mit den geplanten Stauden. Außerdem ist es mühsam, zwischen einem dichten Wurzelwerk zu pflanzen. Idealerweise sollten die Gehölze Pfahl- oder Herzwurzler sein. Wird das beachtet, kann es losgehen.

Weißdorn im Waldgarten

01 *Die Blüten von Cyclamen hederifolium bringen im Herbst ungewöhnliche Farbaspekte ins Beet. Das wunderschöne Laub bleibt den ganzen Winter grün.*

02 *Im Frühjahr leuchten aus dem grünen Teppich mit Sonnenflecken weiße Hasenglöckchen heraus und die Falsche Alraunenwurzel zeigt ihre grünlich-gelben Kerzenblüten.*

03 *Das Frühlings-Alpenveilchen macht seinem Namen alle Ehre: Sehr zeitig ziert es das Staudenbeet.*

In Schrebergärten noch oft zu finden: ein lauschiger Platz unter einem malerischen Apfelbaum

ESSBARE STOCKWERKE

In keinem Garten, und sei er noch so klein, sollte Obst fehlen. Dieses hat einfach alle Vorzüge: im Frühling erfreut es mit Blüten und nach erfolgreicher Bestäubung durch Insekten haben wir später eine gute Ernte. Besonders Apfelbäume bieten mit ihrer breiten Krone für den Sommer einen perfekten natürlichen Sonnenschutz, da sitzt es sich angenehm im kühlen Schatten. Man kann Apfel-, aber auch Birnbäume gut unterpflanzen, beispielsweise wiesenartig mit Akeleien.

LIEBLICHER FRÜHLINGSSTART

Kaum ist der Winter vorbei, öffnen sich die gelben Blüten der Kornelkirsche *(Cornus mas)*. Sie, und nicht die Forsythie, ist der wahre Start ins Frühjahr – hier tummeln sich die ersten Wildbienen. Die hitze- und trockenheitsverträgliche Kornelkirsche wächst eher strauchig und nicht sehr dicht. Sie ist gut schnittverträglich und hängt im Spätsommer voller essbarer Früchte. Als heimischer Frühblüher eignet sie sich hervorragend zur Unterpflanzung, am besten mit Wildstauden. Einen wunderschönen Farbkontrast zu den gelben Blüten der Kornelkirsche bildet das reizende lilafarbene Leberblümchen *(Hepatica nobilis)*. Es schiebt zunächst in dichten Büscheln seine Blüten, welche von unglaublicher Leuchtkraft sind. Später kommen die hübschen, herzförmigen Blätter. Damit das auch so funktioniert, schneide ich die alten Blätter vom Vorjahr im Winter ab. Typisch für Wildpflanzen vermehren sie sich gut durch Aussaat. Dadurch entstehen auch andere Farbnuancen. Das etwas früher blühende Siebenbürger Leberblümchen *(Hepatica transsilvanica)* mit seinen fünflappigen Blättern bildet wie ein Bodendecker einen flächigen Bewuchs.
Unterschiedlichste Schneeglöckchen-Arten wie das breitblättrige *Galanthus woronowii* und unser heimisches *Galanthus nivalis* gehören auch zu den

Einkaufsliste

LIEBLICHER FRÜHLINGSSTART (10 M²)

- ☐ 100 × Schneeglöckchen, *Galanthus* (verschiedene Arten)
- ☐ 8 × Lenzrose, *Helleborus orientalis*
- ☐ 50 × Leberblümchen, *Hepatica nobilis*
- ☐ 20 × Siebenbürger Leberblümchen, *Hepatica transsilvanica*
- ☐ 40 × Hohe Frühlingsknotenblume, *Leucojum aestivum*
- ☐ 7 × Schmaler Filigranfarn, *Polystichum setiferum* 'Proliferum'

Lenzrose und Hohler Lerchensporn im Farb-Einklang

Ersten im Blütenjahr. Dazwischen wächst mit ihrem straff aufrechten Blattwerk die Hohe Frühlingsknotenblume *(Leucojum aestivum)*. Obwohl Schneeglöckchen sowie Knotenblume Zwiebelgewächse sind, sollte man sie als Pflanzen aus Kulturtöpfen setzen. Denn ihre Zwiebeln trocknen schnell aus und verlieren an Vitalität.
Für immergrüne Strukturen in der Pflanzung sorgen der Schildfarn (*Polystichum setiferum* 'Proliferum') und die altbewährte Lenzrose *(Helleborus orientalis)*. Solche Pflanzungen müssen sich entwickeln, die Stauden versamen sich, und das Beet wird über die Jahre immer schöner und reifer. Vorausgesetzt, der Boden ist kalkhaltig, humos und nicht allzu trocken.

DAUERBRENNER ARONSTAB

Auch im Herbst gibt es robuste Highlights wie den Geaderten Aronstab (*Arum italicum* ssp. *italicum* 'Pictum'). Dann leuchten seine knallroten Fruchtstände aus dem Schattenbeet. Wer Kinder hat, sollte wissen, dass die Früchte giftig sind. Was den Aronstab neben den knalligen Früchten so faszinierend macht, ist sein attraktives Laub, welches im Herbst austreibt und den ganzen Winter über ziert. Im späten Frühjahr, nach seiner Blüte zieht der Aronstab komplett ein. Sommertrockenheit unter den Bäumen macht ihm nichts aus.

Lieblicher Frühlingsstart mit Leberblümchen

KLETTERPFLANZEN
— als lebendige Wände

Grüne Fassaden oder dicht eingewachsene Pergolen, wie wir sie aus südlichen Ländern kennen, verströmen das Gefühl von angenehmer Kühle.

01

02

Gestalterisch bringen Kletterpflanzen, teils mit wunderschönen Blüten oder Früchten, eine attraktive dritte Dimension in den Garten. Aber nicht nur wir finden Gefallen daran, das üppige Grün bietet auch Unterschlupf und Lebensraum für nistende Vögel und andere Tiere.
Doch wie immer braucht es die richtigen Pflanzen am passenden Ort. Haben Sie auch schon gestaunt, wie direkt an einem Gebäude aus einem winzigen Pflanzloch, manchmal sogar eingepflastert, eine kräftige, vitale Pflanze emporrankt? So etwas kann nur funktionieren, wenn sich diese Gewächse mit einer sehr tief reichenden Wurzel von weit unten aus dem Erdreich mit Wasser und Nährstoffen versorgen. Dazu gehören robuste, sonnenliebenden Gesellen wie Echter Wein *(Vitis vinifera)* oder Blauregen *(Wisteria floribunda)*.
Wunderbar duften das heimische Echte Geißblatt *(Lonicera caprifolium)* oder das Wald-Geißblatt *(Lonicera periclymenum)*. Beide mögen Sonne, vertragen aber auch etwas Schatten. Sie sind ausgesprochen unkompliziert. Für eher schattige Bereiche gibt es Alleskönner wie Wilden Wein oder Waldreben-Arten. Die heimische, im Frühsommer überreich blühende Alpen-Waldrebe *(Clematis alpina)* braucht einen eher durchlässig-humosen Boden und ihr Fuß sollte beschattet sein.
Neben der richtigen Standortwahl ist das Wuchsverhalten von Kletterpflanzen entscheidend. So gibt es Selbstklimmer, die sich selbst mit Haftwurzeln an Mauern halten – dazu gehört der immergrüne Efeu *(Hedera helix)*. Schlinger und Ranker benötigen hingegen eine Rankhilfe. Dies ist bei der Begrünung zu beachten.

03

04

01 *Das eher moderat wachsende Echte Geißblatt benötigt als Schlinger eine Rankhilfe. Gut eignen sich hierfür Stahlseile oder Metallstäbe.*

02 *Urbane Innenhöfe sind geradezu dafür gemacht, um mit Kletterpflanzen begrünt zu werden. Der Wilde Wein hält sich von selbst mit seinen Haftscheiben an Wänden fest und bildet im Lauf der Jahre einen grünen Überzug.*

03 *Blauregen (Wisteria floribunda), hier die halbgefüllte Sorte 'Violacea Plena', blüht vor dem Laubaustrieb ab Ende Mai. Er ist sehr wüchsig und benötigt unbedingt eine robuste Rankhilfe.*

04 *Die heimische Alpen-Clematis ist im Wuchs eher zart und wird auch nicht allzu groß, was für niedrigere Wände sinnvoll sein kann. Aber ohne einfache Rankhilfe geht es bei ihr auch nicht. Fassadenbegrünung bietet Nistplätze für Vögel, ein Nistkasten macht es ihnen leichter.*

☞ KLIMA-KLETTERHELDEN

PFLANZE	HÖHE	KLETTERHILFE
MINI-KIWI 'WEIKI' *Actinidia arguta*	bis zu 4 m	nötig
AMERIKANISCHE KLETTERTROMPETE *Campsis radicans*	bis zu 5 m	nicht nötig
HOPFEN *Humulus lupulus*	bis zu 10 m	nötig
WILDER WEIN *Parthenocissus tricuspidata* 'Veitchii'	bis zu 10 m	nicht nötig

SONNENANBETER

Fast jeder Garten hat irgendwo sonnige, ja auch trocken-heiße Standorte. Es gibt eine große Zahl an attraktiven Stauden für solche Bereiche, welche mit unterschiedlichsten Strategien auch Durststrecken und andere Klimaextreme überleben können.

Egal, für welchen Stil und welches Thema man sich entscheidet: Die Grundlage ist und bleibt der Boden.

PRÄRIESTAUDEN – LEBHAFT & ÜPPIG

Vermutlich gibt es bei uns mehr Gärten mit normalem Gartenboden, als man denkt. „Normal" bedeutet in diesem Zusammenhang, dass der Boden nährstoffreich, aber auch durchlässig ist. Entstanden sind solche Böden meist durch generationenlange Bewirtschaftung. Trotzdem bleibt das Klimaproblem. Für derartige Gartensituationen eignet sich eine Vielzahl an nordamerikanischen Stauden, denn diese haben sich mit ihren tiefen Wurzeln an die humose Prärie angepasst. Nicht ohne Grund sind sie beliebte Gartenpflanzen: Ihr Blühschwerpunkt liegt im Hochsommer und Herbst. Wichtig ist, sie so zu setzen, dass spätestens nach zwei Jahren die Erde nicht mehr zu sehen ist. Das bedeutet je nach Endgröße fünf bis sieben Stück pro Quadratmeter. Wer noch keine Erfahrung mit solchen Staudenanpflanzungen hat, dem kann getrost seine Sorge genommen

Lebhaft & üppig: Diese Stauden brauchen einen nahrhaften Gartenboden.

Einkaufsliste

LEBHAFT & ÜPPIG (10 M²)

- ☐ 5 × Wald-Schmiele, *Deschampsia cespitosa* 'Goldschleier'
- ☐ 15 × Purpur-Sonnenhut, *Echinacea purpurea* 'Magnus Superior'
- ☐ 6 × Armenischer Storchschnabel, *Geranium psilostemon* 'Ivan'
- ☐ 4 × Japanisches Blutgras, *Imperata cylindrica* 'Red Baron'
- ☐ 8 × Blut-Weiderich, *Lythrum salicaria*
- ☐ 3 × Präriesonnenhut, *Ratibida pinnata*
- ☐ 10 × Lanzen-Eisenkraut, *Verbena hastata* 'Blue Spires'

Bunt wird's im Herbst mit Sonnenhut und Eisenkraut.

werden: Präriestauden wachsen einfach toll, schnell, kräftig und machen kaum Arbeit. Planen Sie, um sie erleben zu können, einen kleinen Weg ein, wie hier einen einfachen Holzsteg.

Passend zum Hochsommer „trägt" man hier viele Sonnenhüte wie den Purpur-Sonnenhut (*Echinacea purpurea* 'Magnus Superior'). Diese klassische Sorte ist langlebig und ein absoluter Schmetterlingsliebling. Einziger Wermutstropfen: Auch Nacktschnecken lieben ihre Blätter. Der gelb blühende Präriesonnenhut *(Ratibida pinnata)* eignet sich mit seiner Leuchtkraft und Größe bestens für den Hintergrund. Diese Wildart wächst sowohl auf trockenen als auch auf feuchten Freiflächen. Solch weite Standortamplitude hat auch der heimische Blut-Weiderich *(Lythrum salicaria)*. Er verträgt viel mehr, als man ihm bisher zugetraut hat. Als echter Hochsommerblüher passt er hervorragend zu den Präriestauden. Seine straff aufrechte Gestalt und die kerzenartigen Blütenstände stehen im spannenden Kontrast zueinander. Begleitend zum Weg wächst der kompaktwuchsige Armenische Storchschnabel (*Geranium psilostemon* 'Ivan'). Er möchte nährstoffreichen Boden, dann ist er robust.

Im Vordergrund überzeugt das Japanische Blutgras (*Imperata cylindrica* 'Red Baron'), das sich hier durch kurze Ausläufer zwischen den Stauden einweben darf. Als weiteres Gras passt die heimische Wald-Schmiele (*Deschampsia cespitosa* 'Goldschleier') dazu. Sie wird fast 1 m hoch und ergänzt mit ihren zarten Blütenständen die Pflanzung. Ein hoher Akzent ist das kurzlebige Lanzen-Eisenkraut (*Verbena hastata* 'Blue Spires'), welches sich aber gut versamt. Falls es zu viel wird: rechtzeitig abschneiden.

IM HERBST WIRD'S NOCHMALS BUNT

Viele Astern haben ebenfalls ihren Ursprung in Nordamerika, wie die Glatte Aster *(Aster laevis)*. Da sie spät blüht und recht hoch wird, kann man sie perfekt mit anderen Präriestauden kombinieren. Ein weiterer Prärieklassiker ist der gelbe Sonnenhut *(Rudbeckia fulgida var. deamii)*. Im Gegensatz zur bekannten Goldsturm-Rudbeckie verträgt dieser mehr Trockenheit und bildet dichte Bestände. Absolut unbedenklich ist die brav horstig wachsende Goldrute *Solidago rugosa* 'Fireworks', deren Blütenstände ihrem Namen alle Ehre machen. Nicht unerwähnt soll das Patagonische Eisenkraut *(Verbena bonariensis)* bleiben. Es ist zwar kurzlebig, versamt sich aber sehr gut. Seine Blüten scheinen den ganzen Sommer bis weit in den Herbst hinein über den Pflanzungen zu schweben.

HEIMISCH, GENÜGSAM & SCHÖN

In vielen Regionen sind Böden entweder sehr sandig oder steinig und damit extrem durchlässig. Da werden weder Nährstoffe noch Feuchtigkeit gespeichert. Was sich im ersten Moment wie eine gärtnerische Bankrotterklärung anhört, ist in Anbetracht der Möglichkeiten, welche sich damit bieten, eher eine Chance. Eine Chance, mit Extremen umzugehen, keine Bewässerung vorzusehen, angepasste Wildpflanzen zu verwenden und zudem ein ästhetisch hochwertiges Staudenbeet zu gestalten.

SONNENKINDER IM WIESENARTIGEN STAUDENBEET

Voraussetzung für diese Pflanzung ist ein sehr sonniger Standort und ein trocken-durchlässiger Boden. Das Gerüst bildet das ca. 80 cm hohe, im Hochsommer weiß blühende Laserkraut *(Laserpitium siler)* mit seinem halbkugelartigen Wuchs. Da es in den ersten Jahren zur Entwicklung etwas Zeit benötigt, wurde der kurzlebige, zweijährige Färberwaid *(Isatis tinctoria)* als Lückenfüller eingestreut.
Farbdominierend sind Blautöne – beispielhaft stehen dafür der Wiesen-Salbei *(Salvia pratensis)*, die von Mai bis September blühende Ochsenzunge *(Anchusa officinalis)* mit ihrem unwiderstehlichem Enzianblau und die Knäuel-Glockenblume *(Campanula glomerata)*. Dazu gesellt sich in Violettlila die ca. 40 cm hohe Tauben-Skabiose *(Scabiosa columbaria)*
Alle genannten Pflanzen stehen gleichberechtigt in Verteilung und Anzahl nebeneinander. Wie ein zarter Schleier durchzieht die Bergminze *(Calamintha nepeta)* mit ihren weißlichblauen Blüten von Juni bis in den Oktober hinein die Pflanzung.
Aber Akzente sollen auch sein: Aufrechte Struktur bringt die bis zu 1 m hohe weiß blühende Königskerze (*Verbascum nigrum* 'Album'), für gelbe Tupfer sorgt im Sommer das Johanniskraut *(Hypericum perforatum)*. Im Frühjahr blüht die Küchenschelle *(Pulsatilla vulgaris)*, später wartet sie mit attraktiven Samenständen auf. Zwei Grasarten durchziehen locker die Komposition: die ca. 40 cm hohe Berg-Segge *(Carex montana)* und das bis zu 80 cm hohe Silberährengras *(Stipa calamagrostis)*.

Steppen-Salbei 'Caradonna' und Wiesen-Witwenblume: harmonische Farbzusammenstellung und kontrastierende Blütenformen

Einkaufsliste

SONNENKINDER IM WIESENARTIGEN STAUDENBEET (18 M²)

- ☐ 3 × Ochsenzunge, *Anchusa officinalis*
- ☐ 12 × Bergminze, *Calamintha nepeta*
- ☐ 6 × Knäuel-Glockenblume, *Campanula glomerata*
- ☐ 7 × Tüpfel-Johanniskraut, *Hypericum perforatum*
- ☐ 5 × Laserkraut, *Laserpitium siler*
- ☐ 15 × Berg-Segge, *Carex montana*
- ☐ 5 × Küchenschelle *Pulsatilla vulgaris*
- ☐ 8 × Wiesen-Salbei, *Salvia pratensis*
- ☐ 16 × Tauben-Skabiose, *Scabiosa columbaria*
- ☐ 6 × Silberährengras, *Stipa calamagrostis*
- ☐ 5 × Königskerze, *Verbascum nigrum* 'Album'

Sonnenkinder: Pflanzplan für ein 18 m² großes wiesenartiges Blumenbeet mit heimischen Stauden. Die hinterlegten Quadrate entsprechen 1 m² im Garten.

Sonnenkinder im wiesenartigen Beet: vorne niedrigere, hinten höhere Pflanzen, dazwischen Akzente mit Laserkraut und Gräsern

01 Kerzengerade steht der Steppen-Salbei 'Caradonna'. Er bildet mit seiner dunklen Farbe einen guten Hintergrund für das Wimper-Perlgras.

02 Auf Sand gebaut und doch robust – eine bunte Mischung von trockenheitsverträglichen Spezialisten: Fetthenne, weiße Prachtkerze und Blauraute

03 Die Steppen-Wolfsmilch mit ihrem übergeneigt, kugeligen Wuchs passt zum zarten Federgras. Dieses sollte in Gruppen gepflanzt werden.

01

02

03

Einkaufsliste

AUF SAND GEBAUT (10 M²)

- ☐ 15 × Kleinblütige Bergminze, *Calamintha nepeta* 'Blue Cloud'
- ☐ 4 × Elfenbeindistel, *Eryngium giganteum*
- ☐ 5 × Prachtkerze, *Gaura lindheimeri*
- ☐ 2 × Purpur-Witwenblume, *Knautia macedonica*
- ☐ 7 × Federgras, *Nasella tenuissima* (früher: *Stipa tenuissima*)
- ☐ 3 × Kleine Blauraute, *Perovskia atriplicifolia* 'Little Spire'
- ☐ 4 × Hohe Fetthenne, *Sedum telephium* 'Herbstfreude'
- ☐ 5 × Patagonisches Eisenkraut, *Verbena bonariensis*

AUF SAND GEBAUT – EFFEKTVOLL & ROBUST

Im gärtnerischen Sinn gibt es sicher bessere Böden als Sand, aber aus gestalterischer Sicht bieten sie ein spannendes Potenzial. Trotzdem sind Gartenbesitzerinnen und -besitzer, welche in Regionen mit stark sandigen Böden leben, oft verzweifelt. Doch sollten sie das Positive darin sehen: Wasser kann gut versickern, Wurzeln faulen nicht und spannende Vegetationsbilder entstehen.
Viele ausgesprochen attraktive Pflanzen wachsen nur auf Standorten mit durchlässigem Boden. Viele haben Pfahlwurzeln, mit denen sie sich aus der Tiefe versorgen. Staunässe würde ihnen den Garaus machen. Damit sie solche Extreme überhaupt aushalten, setzen viele von ihnen auf eine starke Aussaat. Andere, wie die bekannte Hohe Fetthenne (*Sedum telephium* 'Herbstfreude'), haben dicke Blatt-Speicherorgane. Die Fetthenne treibt recht früh im Jahr mit grünblauem Laub aus, aber ihren großen Auftritt hat der wahre Insektenmagnet erst im Spätsommer zur Blüte. Eine exotische Struktur bringt die Elfenbeindistel *(Eryngium giganteum)* mit ihren bizarren Blüten ins Beet. Man möchte meinen, sie seien steril, aber mitnichten. Einen schönen lockeren Kontrast bietet hierzu die Prachtkerze *(Gaura lindheimeri)*. Ihre weißen Blüten schweben regelrecht über der Pflanzung. Zudem ist sie ein Dauerblüher und wenn der Standort passt – wie hier – dann ist sie auch langlebig.
Ebenfalls locker im Aufbau, aber keine Staude, sondern ein Halbstrauch ist die Kleine Blauraute (*Perovskia atriplicifolia* 'Little Spire'). Als echte Steppenpflanze aus Zentralasien muss sie eine Menge aushalten, von Trockenheit über starken Frost bis zu Starkniederschlägen. Man kann sie auch auf etwas nährstoffreicheren, aber durchlässigen Böden pflanzen, dann wird sie einfach nur etwas größer.
Als niedriger Lückenfüller wurde hier die zartlilafarbene Kleinblütige Bergminze (*Calamintha nepeta* 'Blue Cloud') gewählt. Bei jeder Berührung verströmt sie einen unglaublichen Minzeduft. Und sie blüht unermüdlich. Im Gegensatz zu der reinen Art versamt sich die Sorte nicht so stark. Das zarte Federgras *(Nasella tenuissima)* ist absolut einzigartig, irgendwie möchte man immer „darüberstreicheln" – nicht ohne Grund heißt es in England auch „Pony Tail". Hier passt es perfekt dazu. Auf schweren Böden ist es hingegen sehr kurzlebig.
Nun fehlen nur noch ein paar lockeren Akzente: Das Patagonische Eisenkraut *(Verbena bonariensis)* und die Purpur-Witwenblume *(Knautia macedonica)* mit ihren unwiderstehlichen Blütenbällen bringen diese weitere Dimension ins Beet.

VON ECHTEN STEPPENPFLANZEN

Steppen und deren Vegetation fühlen sich weit weg an, aber sie sind näher, als wir denken. An kleinen Reliktstandorten finden wir auch bei uns Spezialisten wie die Steppen-Wolfsmilch (*Euphorbia seguieriana* ssp. *niciciana*). Diese früh austreibende Art wird 60 cm groß und breit, womit man sie nicht unterschätzen darf. Aber hat man den Platz, dann ist sie eine dankbare und attraktive Staude. Dazu passt farblich der Steppen-Salbei *(Salvia nemorosa)*, in diesem Fall die dunkle, ebenfalls etwas höhere Sorte 'Caradonna'. Aber was wäre eine Graslandschaft ohne Gräser? Dazu eignen sich sowohl das Reiher-Federgras *(Stipa barbata)* als auch das Wimper-Perlgras *(Melica ciliata)*. Letzteres versamt sich gern, deshalb muss man es etwas im Auge behalten. Beide wiegen sich bei dem kleinsten Lufthauch im Wind und verströmen so einen Hauch von Steppe im Garten.

WER WAGT, GEWINNT ...

Zukünftig können wir das Artenspektrum von Pflanzen im Garten deutlich erweitern. Das hängt zum einen am veränderten Klima, aber auch an den Sammelleidenschaften der Staudengärtner. In den letzten Jahren sind unglaublich viele „neue" Wildpflanzen, welche sich als gartenwürdig herausstellten, in den Handel gekommen. Und es macht Spaß, mit diesen heimischen und nicht-heimischen Wilden zu arbeiten. Wenn wir uns an deren Naturstandorten – ähnliche Voraussetzungen, aber aus unterschiedlichsten Ländern – orientieren, dann können ungewöhnliche Kombinationen entstehen. Lassen Sie sich also nicht abhalten, Bekanntes mit Fremdem zusammen auszuprobieren.

Wer wagt, gewinnt! Hier treffen Pflanzen unterschiedlichster Kontinente aufeinander und sind doch harmonisch.

Für diese großflächige Pflanzung braucht es Sonne und vor allem einen durchlässig-humosen Boden. Die Hauswand hat Einfluss auf das Kleinklima und sorgt für Wärme. Beginnen wir erst einmal mit den alten Bekannten: Straff aufrecht steht die heimische Weiße Königskerze (*Verbascum nigrum* 'Album') im Frühsommer im Beet. Sie ist recht langlebig. Dazu gesellt sich Wiesen-Salbei (*Salvia pratensis* 'Swan Lake') mit größeren, weißen Blüten. Im Hintergrund wächst eine Myrten-Aster *(Aster ericoides)*, in diesem Fall die rosa Sorte 'Lovely'. Sie blüht erst im Herbst. Zwei südafrikanische Arten peppen mit ihren orangefarbenen Blüten die Situation auf: Da sind zum einen die Rotgelbe Fackellilie (*Kniphofia*-Hybride 'Royal Standard') und die Montbretien *(Crocosmia × crocosmiiflora)*. Beide Arten vertragen Trockenheit und Feuchte, ein Winterschutz wird jedoch bei uns in den meisten Gegenden noch empfohlen. Ich kenne viele Pflanzungen, wo sie sich über Jahre bewährt und etabliert haben. Die Zeiten haben sich einfach geändert.

Für einen früheren Blühaspekt sorgt die orangegelbe Steppenkerze (*Eremurus × isabellinus* 'Pinokkio'). Legen Sie ihre Rhizome beim Pflanzen in ein Sandbett – sie verträgt viel, nur keine Staunässe.

Zurück zu den Wildstauden: Eine reizvolle Kreuzung aus *Salvia glutinosa* und *Salvia bulleyana* ist der Klebrige Salbei 'Amber', welcher zwar wie ein Wiesen-Salbei aussieht, aber gelb blüht. Seine Eltern ermöglichen ihm einen breiten Wuchsort: von trocken bis humos. In einem aparten Apricotrosa blüht die Mexiko-Duftnessel (*Agastache mexicana* 'Fleur'). Sie lockt Bienen und Falter magisch an. Vor einer sonnigen Mauer im Weinbauklima lohnt es sich, sie auszuprobieren – sie ist zu schön! Und wie alle Agastachen wächst sie sehr

Einkaufsliste

WER WAGT, GEWINNT ... (10 M²)

- ☐ 3 × Mexiko-Duftnessel, *Agastache mexicana* 'Fleur'
- ☐ 15 × Igelkolben-Lauch, *Allium schubertii* (Zwiebeln)
- ☐ 3 × Myrten-Aster, *Aster ericoides* 'Lovely'
- ☐ 10 × Nessel-Glockenblume, *Campanula trachelium*
- ☐ 50 × Montbretie, *Crocosmia × crocosmiiflora* (Knollen)
- ☐ 7 × Steppenkerze, *Eremurus × isabellinus* 'Pinokkio'
- ☐ 3 × Rotgelbe Fackellilie, *Kniphofia*-Hybride 'Royal Standard'
- ☐ 7 × Federgras, *Nasella tenuissima*
- ☐ 7 × Klebriger Salbei, *Salvia glutinosa × bulleyana* 'Amber'
- ☐ 10 × Weißer Wiesen-Salbei, *Salvia pratensis* 'Swan Lake'
- ☐ 5 × Weiße Königskerze, *Verbascum nigrum* 'Album'
- ☐ 5 × Lanzen-Eisenkraut *Verbena hastata* 'Blue Spires'

zügig, ein weiterer Vorteil. Ebenfalls eine Wildstaude mit Charakter ist die unkomplizierte Nessel-Glockenblume *(Campanula trachelium)*, solange keine Schnecken in der Nähe sind.
Durch die Pflanzung vagabundiert das hohe Lanzen-Eisenkraut (*Verbena hastata* 'Blue Spires').
Ein Hingucker für durchlässige Böden sind Zierlauch-Arten, wie hier der sogar noch nach der Blüte witzig aussehende *Allium schubertii*. Dazu passt das Federgras *(Nasella tenuissima)*.
Alles in allem standörtlich gut aufeinander abgestimmt, wunderbar lebhaft, mit ein paar Unbekannten. Wer nicht wagt, der nicht gewinnt!

SALBEI ÜBER ALLES

Man könnte eine Pflanzung nur aus Salvien gestalten, da viele sich in Blühzeiten und Farbe unterscheiden. Aber eines ist allen gemeinsam: Sie sind Wildbienen-Lieblingspflanzen. Bei uns auf den Wiesen finden wir den Wiesen-Salbei *(Salvia pratensis)*. Noch aparter ist die Sorte 'Weiß-Blau'. Der Steppen-Salbei *(Salvia nemorosa)*, hier die violettrosa Sorte 'Amethyst' kommt in seiner Ursprungsart schon in der Nähe von Wien vor. Weitgehend unbekannt ist der fast 1 m hohe Armenische Salbei *(Salvia staminea)*. Er blüht weiß und über einen langen Zeitraum. Einen lustigen Gegenpol zu Salbei bilden die Blüten des Kugel-Lauchs *(Allium sphaerocephalon)*.

Schwarze Königskerze – Hummeln lieben sie.

Voller Natürlichkeit steckt diese üppige Pflanzung mit hohen Wildstauden. Kraftvolle Effekte bringen zudem die gelben Königskerzen.

Salbei-Arten, das blau blühende Mannstreu und Federgras bilden einen wiesenartigen Charakter. Die Kugelblüten vom Zierlauch (Allium sphaerocephalon) wirken erst in Massen gepflanzt.

LAWN IS GONE
— *Alternativen für Rasenflächen*

Klassischer Englischer Rasen braucht viel Wasser. Fallen Niederschläge immer wieder aus, wird das Gras braun und stirbt sogar ab. Manche Gartenbesitzer haben aus Verzweiflung Bewässerungsanlagen eingebaut. Aber das ist nicht zukunftsweisend, denn Wasser ist und bleibt ein kostbares Gut.

Wir müssen uns von dem grasgrünen „Bild“ lösen. Denken wir über die Funktion der „Rasenfläche“ nach: Ist sie einfach nur da als reines Gestaltungselement, oder wird der Bereich oft betreten?
Bei ersterem wäre ein Ansatz, entweder die ganze Fläche in robuste Staudenbeete umzugestalten oder eine artenreiche Wiese mit heimischen Kräutern und Blumen anzulegen. Denn diese Pflanzen haben fast ausschließlich ein sehr tief reichendes Wurzelwerk. Das zeigte sich in den vergangenen, trockenen Sommern: Solche Wiesen blühten gut und waren sogar etwas grün.
Für kleinere Bereiche, welche sporadisch betreten werden, eignen sich trittfeste, niedrige Polsterstauden. Diese sollten immer wintergrün sein und schnell durch Ausläufer dichte Matten oder zumindest Polster bilden. Auch hier gilt: die Standortvoraussetzungen beachten, sonst geht's schief.
Für sehr sandig-trockene Flächen in der Sonne sind flach wachsende Thymian-Arten wie der Kümmel-Thymian (*Thymus herba-barona:* 10 St./m^2) prädestiniert. So entsteht ein wahrlicher Duftrasen. Einen Tick höher wächst der Kaskaden-Thymian (*Thymus longicaulis* ssp. *odoratus:* 5 St./m^2), er ist ausgesprochen wüchsig und überreich blühend.
In halbschattigen Situationen mit frisch-humosen Böden funktioniert das reizende Sternmoos (*Sagina subulata:* 20 St./m^2). Entgegen seinem Namen ist es gar kein echtes Moos und ziert im Juli mit kleinen, weißen Blütchen. Ähnliche Bodenansprüche stellt das Fiederpolster (*Cotula potentillina:* 15 St./m^2), wobei es auch Sonne und kurzzeitige Trockenheit aushält. Zügig bildet es dichte, wintergrüne Teppiche und blüht im Mai mit zierlichen gelbgrünen Blüten. Ein ausgesprochener Überlebenskünstler ist das wintergrüne Stachelnüsschen (*Acaena buchananii:* 8 St./m^2), das sich durch kurze Ausläufer rasch ausbreitet und kugelige Fruchtstände bildet. Seine Standortamplitude reicht von sonnig bis halbschattig und von trocken-frisch bis humos. Mit ihm kann man fast nichts verkehrt machen.

01

03

04

02

01 *Bunte, kräuterreiche Blumenwiesen halten längeren Trockenphasen viel besser stand, als ein rein aus Gräsern bestehender Rasen. Denn Wiesen-Kräuter haben längere Wurzeln*

02 *Das Stachelnüsschen funktioniert hervorragend als Flächenbegrüner. Hier schlängelt es sich als grüner Weg durch Staudenbeete als schöne Alternative zum Rasenweg.*

03 *Auf sonnigen, trockenen Flächen eignet sich Thymian. Er blüht nicht nur sehr schön – was auch viele Wildbienen goutieren – er duftet beim Betreten.*

04 *Das Sternmoos wächst am besten im Halbschatten und benötigt unbedingt einen nährstoffreichen, humosen Boden.*

Heiß und trocken, da passt Naturstein.

Einkaufsliste

HEISS & TROCKEN (2 M² PLUS MAUER)

- ☐ 1 × Kartäuser-Nelke, *Dianthus carthusianorum*
- ☐ 3 × Pfingst-Nelke, *Dianthus gratianopolitanus* 'Feuerhexe'
- ☐ 5 × Blut-Storchschnabel, *Geranium sanguineum* var. *striatum*
- ☐ 3 × Zitronige Katzenminze, *Nepeta racemosa* 'Odeur Citron'
- ☐ 3 × Zitronen-Kümmel-Thymian, *Thymus herba-barona* var. *citriodora*

Mauerritzen

- ☐ 10 × Zierlauch, *Allium atropurpureum* (Zwiebeln)
- ☐ 2 × Teppich-Glockenblume, *Campanula portenschlagiana* 'Birch Hybrid'
- ☐ 3 × Strauch-Steinbrech, *Saxifraga cotyledon* 'Southside Seedling'
- ☐ 2 × Grüne Tripmadam, *Sedum rupestre*
- ☐ 3 × Teppich-Fetthenne, *Sedum spurium* 'Summerglory'

BLAUE STUNDEN MIT SÜDLICHEM FLAIR

Für ein mediterranes Feeling im Garten braucht es eigentlich nur zwei Elemente: schönen Naturstein in warmen Beigetönen und Pflanzen mit blauer Blütenfarbe. Dazu gehört definitiv Lavendel, wobei es 37 Arten gibt. Für uns ist *Lavandula angustifolia*, der Echte Lavendel, interessant. Denn er ist absolut winterhart und liebt steinige Substrate. Überhaupt ist dies eine Grundvoraussetzung für viele Kräuter und sogenannte Mediterrane: durchlässige, kalkreiche Böden und sonnig-heiß. Manchmal wundert man sich, wie an solchen Standorten überhaupt etwas gedeihen kann. Hier ist es jedoch genau umgekehrt: Würde man diese Kräuter in fetten Humus pflanzen, wäre im besten Fall ihr Wuchs mastig, im schlimmsten Fall faulen ihre Wurzeln ab. Der Echte Lavendel, richtig verwendet und als Halbstrauch ab und an geschnitten, gehört sicherlich zu den unkomplizierten Zukunftspflanzen. Erhältlich sind neben der Wildform unzählige Sorten, welche sich in Größe, Blütenfarbe und Blühzeitpunkt unterscheiden. Warum nicht mal verschiedene miteinander kombinieren? Aber Hände weg vom Schopf-Lavendel *(Lavandula stoechas)*, auch wenn es schwerfällt: Er ist nicht frosthart und benötigt saures Substrat.
Schön lässt sich mit Echtem Lavendel der Quirlblütige Salbei (*Salvia verticillata* 'Purple Rain') verbinden. Der Name passt ausgezeichnet, denn seine kleinen, lilafarbenen Blütenstände nicken leicht. Zudem blüht diese Staude unermüdlich bis in den Herbst. Und was wäre der Süden ohne Rosmarin *(Rosmarinus officinalis)*, welcher definitiv vom Klimawandel profitiert. In vielen Regionen ist es heute möglich, ihn direkt in Beete zu integrieren. Achten Sie dabei auf winterfeste Sorten wie 'Veitshöchheim' oder 'Blue Winter'.

HEISS UND TROCKEN – GUT FÜR KRÄUTER

Möchte man Hungerkünstler etablieren, brauchen sie je nach Ausgangslage einen Sonderstandort. Gut eignet sich dafür ein erhöhtes Beet aus

Naturstein. Das sieht optisch ansprechend aus und erfüllt die Drainage-Funktion: Trockenmauern speichern Wärme, in den Ritzen können ganz spezielle Pflanzen wachsen und Tiere wie Eidechsen leben.
Markant blüht jetzt im Frühsommer die Zitronige Katzenminze (*Nepeta racemosa* 'Odeur Citron'). Sie bleibt im Vergleich zu anderen Sorten kompakt und versamt sich kaum. Die Arten der *Nepeta*-Gattung sind bei richtiger Verwendung unglaublich robust und Profiteure des Klimawandels. Gleiches gilt für den Blut-Storchschnabel, hier die Unterart *Geranium sanguineum* var. *striatum* mit hübschen zartrosa Blüten. Da auch sein Blatt ausgesprochen attraktiv ist und im Herbst noch eine tolle Färbung hat, sollte dieser Storchschnabel im Vordergrund stehen. Mit ihrer grasartigen Struktur ergänzen die Kartäuser-Nelke *(Dianthus carthusianorum)* und der Zierlauch *(Allium atropurpureum)* die Pflanzung. Auf der Mauerkrone wächst die pinkfarbene Alpen-Nelke (*Dianthus alpinus* 'Joan's Blood'), welche schwer im Handel erhältlich ist und nur auf stark kalkhaltigen Substraten wächst. Eine gute Alternative wäre die Pfingst-Nelke (*Dianthus gratianopolitanus* 'Feuerhexe').
Typische Besiedler von sonnig-heißen Steinmauern sind Thymian-Arten, hier der Zitronen-Kümmel-Thymian (*Thymus herba-barona* var. *citriodora*) mit seinem überhängenden Wuchs und immergrünen, aromatischen Blättchen. Ihm kann es gar nicht zu trocken sein, steht er nur etwas feucht, geht er ein. Ganz im Gegensatz zur Teppich-Glockenblume (*Campanula portenschlagiana* 'Birch Hybrid'). Sie hat eine weite Standortamplitude, verträgt Trockenheit, aber auch mal frisch-feuchtes Wetter – solange sie in sonnigen Ritzen wuchern darf. Leider wird sie auch von Nacktschnecken geliebt. An Durststrecken angepasst mit fleischen Blättern sind die zwei Teppich-Fetthennen *Sedum rupestre* und die dunkelrosa blühende *Sedum spurium* 'Summerglory'. Ebenfalls mit dieser Überlebensstrategie ausgestattet ist der bezaubernde Strauch-Steinbrech (*Saxifraga cotyledon* 'Southside Seedling') mit seinen pinkfarben gepunkteten weißen Blüten (siehe S. 115). Auch er liebt Spalten, und je unwirtlicher der Ort, desto besser vermehrt er sich.

Die heimische Hauhechel liebt es trocken.

Wie in der Provence: ein Beet mit Echtem Lavendel

GUT GEWAPPNET

Viele Pflanzen, welche extreme Hitze aushalten müssen, haben entweder einen wachsartigen oder filzigen Blatt-Überzug gegen Verdunstung und Sonnenbrand, wie der bekannte Woll-Ziest *(Stachys byzantina)*. Und als typische Trockenhelden benötigen sie unbedingt einen durchlässigen Boden. Solche sogenannten Graulaubigen haben eine interessante Fernwirkung und sind spannend miteinander zu kombinieren. In der Pflanzengattung *Artemisia*, wozu auch der heimische Beifuß gehört, finden sich einige ganz reizende Stauden wie die Polster-Silberraute (*Artemisia schmidtiana* 'Nana'). Ihre Blüten sind eher unscheinbar, ihr feingliedriges Blatt bringt dafür die Zierde. Wegen ihres kompakten Wuchses ist sie ideal für den Vordergrund. Dazu passt sehr gut der Purpur-Gewürz-Salbei (*Salvia officinalis* 'Purpurascens') mit seiner ungewöhnlich dunkelvioletten Blattfärbung. Der Halbstrauch sollte ähnlich wie Lavendel alle paar Jahre in Form geschnitten werden. Im Hintergrund steht die für trockene Extremstandorte bestens geeignete Kugeldistel (*Echinops ritro* 'Veitch's Blue'). Diese kompaktwüchsige Sorte ist ein sommerlicher Dauerblüher mit enormer Anziehungskraft auf Wildbienen. Filigran und farblich auf die kühlen Farbtöne abgestimmt wächst der Blaustrahlhafer (*Helictotrichon sempervirens* 'Saphirsprudel'). Diesen darf man in der Größe nicht unterschätzen. Er wächst horstig und umfasst im Durchmesser fast 60 cm.

AKANTHUS – EINE STAUDE ZUM RELAXEN

Es gibt Stauden, die sind absolut unverwüstlich, wozu der Balkan-Bärenklau *(Acanthus hungaricus)* gehört. Deshalb soll hier etwas intensiver auf ihn eingegangen werden. Zunächst: nicht mit dem Riesen-Bärenklau *(Heracleum giganteum)*

Graulaubige Mischung an einer Terrasse: Polster-Silberraute mit Kugeldistel und Blaustrahlhafer

Geduld wird belohnt: Akanthus ziert mit exotischer Blütenform und aparten Blättern.

Einkaufsliste

STARK IM KONTRAST (5 M²)

- ☐ 7 × Schafgarbe, *Achillea Filipendulina*-Hybride 'Credo'
- ☐ 50 × Zierlauch, *Allium sphaerocephalon* (Zwiebeln)
- ☐ 3 × Silberraute, *Artemisia ludoviciana* var. *albula* 'Valerie Finnis'
- ☐ 7 × Rostroter Fingerhut, *Digitalis ferruginea*
- ☐ 5 × Currykraut, *Helichrysum thianshanicum* 'Schwefellicht'
- ☐ 7 × Hohe Fetthenne, *Sedum telephium* 'Matrona'
- ☐ 2 × Großblütige Königskerze *(Verbascum densiflorum)*

Aufrecht stehen in diesem Staudenbeet Fingerhut und Königskerze locker zwischen Trockenhelden.

aus der Familie der Doldenblütler *(Apiaceae)* verwechseln, Akanthus gehört zu einer komplett anderen Pflanzenfamilie *(Acanthaceae)*. Der Balkan-Bärenklau benötigt ein paar Jahre zur Entwicklung, aber dann ist er ein echter Überlebenskünstler. Er funktioniert in der Sonne und im Halbschatten in nährstoffreichen Böden, ebenso wie in sehr trockenen Bereichen. Nur Staunässe mag er nicht. Seine ornamentalen Blätter haben schon die Griechen inspiriert und heute verwenden wir Akanthus eher als Blattschmuckstaude. Im Herbst verfärben sich seine Blätter orange-gelb. Aber auch seine großen, kerzenartigen Blütenstände in Altrosa sind ungewöhnlich. Lässt man ihn in Ruhe, bilden sich über die Jahre große Bestände.

STARK IM KONTRAST UND DOCH HARMONISCH

Solch eine starke Staudenkombination braucht etwas Platz. Der Standort sollte auf alle Fälle sonnig und der Boden durchlässig sein. Als typische Mischpflanzung stehen alle Stauden gleichberechtigt nebeneinander – in Wuchs, Farbe und Höhe raffiniert kombiniert. Als rotlaubiges Element zieht sich die Hohe Fetthenne (*Sedum telephium* 'Matrona') durch die Pflanzung. Sie mag es trocken, dann ist sie auch sehr standstark. Ihre rosa Blüten erscheinen erst im Herbst. Dazu kontrastiert das gelb blühende Currykraut (*Helichrysum thianshanicum* 'Schwefellicht') mit silbrigen, schmalen Blättern. Die bis zu 50 cm hoch werdende Silberraute (*Artemisia ludoviciana* var. *albula* 'Valerie Finnis') wird wegen ihres silbrig-hellen Laubs als Füllstaude verwendet. Wegen ihrer Neigung zu Ausläufern sollte man sie etwas im Auge behalten.

Den wiesenhaft-natürlichen Charakter dieser Pflanzung unterstreicht die Schafgarbe (*Achillea Filipendulina*-Hybride 'Credo'). Ihre Blütendolden zeigen ein spannendes Farbspiel: Sie changieren von Gelb über Hellgelb bis Weiß. Starke vertikale Akzente liefern der eher unbekannte Rostrote Fingerhut *(Digitalis ferruginea)* und die Großblütige Königskerze *(Verbascum densiflorum)*. Die Heimat des Fingerhuts, die ihm eine ausgesprochene Robustheit mitgegeben hat, ist der Balkan. Und last, but noch least: Lustig schweben die kleinen Kugeln des Zierlauchs *(Allium sphaerocephalon)* über der Pflanzung.

ROSEN MIT POTENZIAL
— *Robust & trockenheitsverträglich*

Bei der „Königin der Blumen" herrscht eine große Unsicherheit. Es ist zwar richtig, dass es Rosen gibt, welche anfällig gegenüber Blattkrankheiten sind, aber viele Arten und Sorten sind ausgesprochen robust.

01

02

Grundsätzlich sind Rosen Gehölze mit unterschiedlichsten Größen und Wuchsformen: von niedrigen Bodendeckern über Beet- und Strauchrosen bis hin zu Kletterpflanzen.Und allen ist eins gemeinsam: ihre ausgeprägte Pfahlwurzel. Sie macht die Pflanzen interessant für den Allwettergarten. Denn Rosen, einmal angewachsen, versorgen sich fast von selbst. Trockene Phasen überstehen sie mühelos, aber auch heftige Regengüsse stören sie nicht. Und sie wachsen auf allen tiefgründigen Böden. Wobei es nicht schadet, sie im Frühjahr mit einer organischen Düngerzugabe wie Kompost zu unterstützen.
Was den Standort angeht, bevorzugen Rosen eher sonnige Plätze, je nach Art vertragen manche Exemplare auch Halbschatten. Positiv, vor allem für die Blattgesundheit, wirkt sich bei Rosen immer ein lockerer Astaufbau aus. Denn damit trocknen Blätter nach Niederschlägen schneller ab, was Pilzkrankheiten wie Rosenrost entgegenwirkt. Manche Arten wie die Hecht-Rose *(Rosa glauca)* haben von Natur aus einen lichten Wuchs, bei anderen muss man mit Schnittmaßnahmen nachhelfen. Bei veredelten Rosen sollte man darauf achten, dass die Veredlungsstelle beim Pflanzen kurz unterhalb der Erdoberfläche liegt. Somit ist sie vor starkem Frost geschützt. Und trotz ihrer ausgeprägten Wurzel lassen sich auch ältere Rosenexemplare gut verpflanzen.
Verwenden Sie möglichst Wildrosen oder zumindest Rosensorten mit un- oder halbgefüllten Blüten. Sie sind grandiose Pollenlieferanten für viele Insekten und im Herbst schmücken Hagebutten unseren Garten.

03 04

01 *Hecken aus Wildrosen und robusten Strauchrosen passen bestens zu natürlich wirkenden Staudenbeeten. Solche Sträucher brauchen kaum Pflege: einfach wachsen lassen!*

02 *Rosen mit ungefüllten Blüten wie Wildrosen, sind sehr gute Pollenlieferanten für Biene, Hummel & Co.*

03 *Rambler-Rosen wie die natürlich wirkende 'Maria Lisa' haben gut biegsame Ruten. Mit ihnen kann man gut Rosenbögen nachformen. Sie eignen sich auch dazu, in Gehölzen emporzuranken. Sie blühen zwar meist nur einmal, zieren aber im Herbst mit schönen, kleinen Hagebutten.*

04 *Wildrosen sollten viel häufiger gepflanzt werden. Eine sehr gartenwürdige Art ist die Hecht-Rose (Rosa glauca). Sie blüht zartrosa, hat dazu ein blaubereiftes Blatt und kaum Dornen.*

☞ ROBUSTE ROSEN – NACH WUCHSHÖHE

ROSENKLASSE	SORTE	WUCHS-HÖHE	BLÜTE
Bodendecker-Rose	'Sternenflor'	40 cm	weiß, einfach, öfterblühend
Beet-Rose	'Sweet Pretty'	80 cm	zartrosa, einfach, öfterblühend
Strauchrose	'Ballerina'	150 cm	zartrosa, einfach, öfterblühend
Kletterrose / Rambler	'Lykkefund'	750 cm	rahmweiß, ungefülllt

Einkaufsliste

ZWISCHEN FUGEN (10 × 0,5 M MAUER)

Fugen-Steingartenpflanzen

- ☐ 7 × Berg-Steinkraut, *Alyssum montanum*
- ☐ 5 × Scharfer Mauerpfeffer *Sedum acre*
- ☐ 5 × Gold-Fetthenne, *Sedum floriferum* 'Weihenstephaner Gold'
- ☐ 5 × Spinnweb-Hauswurz, *Sempervivum arachnoideum* ssp. *tomentosum*

Initiale Stauden

- ☐ 5 × Rundblättrige Glockenblume, *Campanula rotundifolia*
- ☐ 3 × Rote Spornblume, *Centranthus ruber* var. *coccineus*
- ☐ 5 × Gelber Lerchensporn, *Corydalis lutea*
- ☐ 7 × Mauer-Zimbelkraut, *Cymbalaria muralis*
- ☐ 3 × Spanisches Gänseblümchen, *Erigeron karvinskianus* 'Blütenmeer'
- ☐ 5 × Felsennelke, *Petrorhagia saxifraga*

Mauerkrone

- ☐ 3 × Walzen-Wolfsmilch, *Euphorbia myrsinites*
- ☐ 7 × Gewöhnliche Kugelblume, *Globularia punctata*
- ☐ 5 × Zwerg Bart-Iris, *Iris barbata-nana*
- ☐ 3 × Kaskaden-Thymian, *Thymus longicaulis* ssp. *odoratus*

Zart und natürlich wirkt das Berg-Steinkraut.

ZWISCHEN FUGEN

Irgendwo hat fast jedes Gelände einen Höhenunterschied. Anstatt einen ebenen und damit spannungslosen Garten mit großem technischem Aufwand anzulegen, sollte man lieber einen Hang als Gestaltungselement einbeziehen. Mit etwas Geschick kann man selbst Trockenmauern aus regionalem Naturstein bauen. Für diese braucht man kein aufwendiges Fundament und keinen Mörtel, sie sind aus sich selbst heraus stabil. Zwischen den einzelnen Lagen immer wieder auch etwas Erde einbauen, damit spätere Ritzenbesiedler hier wachsen können.
Experimentierfreudige Bauherren können Recycling-Materialien wie Beton-Bruch oder alte Ziegelsteine ausprobieren. Im Garten der Zukunft sollten wir uns immer fragen, was wie wiederverwendet werden kann.

FUGEN-STEINGARTENPFLANZEN – EIN LEBEN IM EXTREMEN

In südlich ausgerichteten, warmen Trockenmauern kann man so einiges entdecken. Hier finden Eidechsen Unterschlupf, Wildbienen Lebensraum, sogar kleine Vögel können hier nisten. So unwirtlich es zunächst scheint, es gibt eine Menge an sehr genügsamen, wärmeliebenden Pflanzen, die gerade hier am besten gedeihen: von sehr kleinen unscheinbaren Gewächsen bis hin zu Exemplaren mit beachtlicher Fernwirkung. Diese schon lange ans Extreme angepassten Arten sind in der Vergangenheit damit zurechtgekommen und werden auch zukünftig überleben. So wie das gelb blühende Berg-Steinkraut *(Alyssum montanum)*, welches bis zu 90 cm tief wurzelt. Häufiger wird das fast wuchtig erscheinende Felsen-Steinkraut verwendet, welches ich gestalterisch schwierig finde. Dagegen wirkt die mattenbildende Felsennelke *(Petrorhagia saxifraga)* mit einem Blütenmeer aus kleinen Sternenblüten ausgesprochen zierlich. Sie sollte unbedingt direkt in Ritzen gesetzt werden. Auch dem Mauer-Zimbelkraut *(Cymbalaria muralis)* kann es gar nicht eng genug sein. Es funktioniert sowohl in praller Sonne als auch im Schatten. Man kommt immer wieder ins Staunen, wo dieses süße Geschöpf mit seinen zarten Schleppen so überall wächst.

Zwischen Fugen: In Trockenmauern finden sich ganz besondere Pflanzen ein, welche woanders nicht wachsen würden.

INITIALE STAUDEN

Genauso geht es mir bei dem heimischen Gelben Lerchensporn *(Corydalis lutea)* mit den fast zerbrechlich wirkenden Blättchen. Noch so ein Überlebenskünstler, noch so eine Pflanze mit breiter Standortamplitude. Es reicht, wenn man ihn initial pflanzt: Im Lauf der Zeit sucht er sich wie fast alle Spezialisten seine eigenen Plätze. Ähnlich ist es mit dem Spanischen Gänseblümchen (*Erigeron karvinskianus* 'Blütenmeer'). Dieser wunderschöne Dauerblüher, welcher nicht ohne Grund so heißt, ist bei extremer Kälte nicht mehrjährig. Aber zum einen sät er sich gut aus und zum anderen werden die Winter auch bei uns wärmer. Ein weiterer Vagabund ist die Rote Spornblume (*Centranthus ruber* var. *coccineus)*. Sie blüht unermüdlich den ganzen Sommer durch und wird gern von Faltern umschwärmt – mit dem Ergebnis, dass sie sich gut selbst aussät. Sie ist so attraktiv und kraftvoll in ihrer Farbigkeit, dass man im Garten gar nicht genug von ihr haben kann. Ihre Blätter sind im Jungendstadium gut erkennbar, sodass man sie, wenn sie wirklich mal überhandnimmt, leicht in den Griff bekommt.

STAUDEN FÜR DIE MAUERKRONE

Neben den Pflanzen, die die Strategie haben, sich bei Problemen einfach stark zu vermehren, gibt es andere, die auf sich selbst gestellt Wasser und Nahrung bunkern. Dazu gehören all die Fetthennen- und Hauswurz-Arten *(Sempervivum)*. Beide können sowohl auf der Mauer als auch in Fugen verwendet werden. Gut bewährt hat sich die Gold-Fetthenne (*Sedum floriferum* 'Weihenstephaner Gold'). Etwas zarter, aber nicht minder attraktiv gelb blühend ist der heimische Scharfe Mauerpfeffer *(Sedum acre)*. Schön auf der Mauerkrone machen sich die lila blühende, heimische Kugelblume *(Globularia punctata)* und der Kaskaden-Thymian.

Zwei Stauden seien noch erwähnt: Zum einen die fast schon exotisch wirkende Walzen-Wolfsmilch *(Euphorbia myrsinites)* mit ihren zeitigen gelbgrünen Blüten – ihr skurriler Wuchs ziert das ganze Jahr, am besten in Alleinstellung verwenden. Zum anderen Iris-Arten wie die Zwerg Bart-Iris *(Iris barbata-nana)* – sie sind mit ihren dicken Rhizomen an Extremstandorte angepasst. Ihre Blätter ziehen, wenn es heiß und trocken wird, ein.

Insektengarten „Bunte Vielfalt" mit Färberkamille, Witwenblume, Leinkraut, Katzenminze und Königskerze

EIN PARADIES FÜR WILDBIENEN

Es ist spannend, dass Wildpflanzen, egal ob heimische oder fremde, oftmals mit Extremsituationen so viel besser klarkommen als hochgezüchtete Sorten. Und hinzu kommt auch noch ihr Mehrwert in Bezug auf die Tierwelt, was mir sehr wichtig ist. Insekten geht es wie uns: Sie brauchen ein schönes Zuhause und gesundes Essen, dann geht es ihnen gut. Doch eine noch so perfekte Pflanzung reicht nicht aus, wenn Tieren nicht auch Wohnraum angeboten wird. Das kann in Form von Totholzstrukturen, Insektenhotels oder einer kreativen Kombination von beiden sein, wie in diesem Beispiel: Die Terrassierung mit Mauern erfüllt eine Doppelfunktion – sie befestigen den Hang und sind zugleich Lebensraum. Der Wegebelag ist kiesig. Damit kann Niederschlag an Ort und Stelle versickern, Spontanvegetation entstehen und die eine oder andere Wildbiene sich am Rand ihre Brutröhre bauen. Und der Boden, die Basis für die Auswahl der Pflanzen? Normal und eher nährstoffreich sollte er sein.

BUNTE VIELFALT – DAS SPIEL KANN BEGINNEN

Arbeiten wir im Garten mit Stauden, welche bei Wildbiene, Hummel und Co. beliebt sind, heißt das, dass sie bestäubt werden, sich Samen bilden und sie sich am Ende durch Aussaat vermehren. Die Tiere haben Futter, wir können sie beobachten und uns an ihnen erfreuen. Und unsere Pflanzen werden mehr und mehr, ohne Kosten, ohne große Mühen. So ein Wildbienen- und Schmetterlingsgarten ist eine tolle Win-win-Situation. Und jede Pflanze hat in einem Insektengarten ihre eigene Daseinsberechtigung. So bringt der hohe Stauden-Fenchel *(Foeniculum vulgare)* einen filigranen Hintergrund. Zugleich ist er eine wichtige Futterpflanze für die Raupen des Schwalbenschwanz. Apropos Schmetterlinge: Der Schmetterlingsflieder *(Buddleja davidii)* sollte in Zukunft nicht fehlen, er ist mit einer extremen Pfahlwurzel gewappnet und kommt daher besonders gut mit Trockenheit zurecht. Seine Blüten erfreuen viele Falter im Spätsommer und uns natürlich auch. Er stammt ursprünglich von der Alpensüdseite und kommt aufgrund der Klimaveränderungen bei uns nun wild vor, was kontrovers diskutiert wird. Meine Erfahrung zeigt, dass Sorten wie 'Ile de France' nicht dazu neigen, invasiv zu werden.

Den Charme solcher Pflanzungen macht ihr wiesenartiger Charakter aus. Da gibt es kein klares, offensichtliches Pflanzkonzept. Es werden in erster Linie die Stauden aufeinander standörtlich und in Bezug auf Höhe abgestimmt. Gepflanzt wird letztendlich intuitiv und natürlich. Trotzdem gilt: Kleines nach vorne, Höheres in den Hintergrund. Dafür eignet sich bestens die Schwarze Königskerze *(Verbascum nigrum)*. Mit ihren eindrucksvollen Blättern und den gelben Kerzen bringt sie eine gute Struktur in eine Pflanzung. Sie wird nicht zu hoch und ist somit absolut standstark. Ebenfalls mit senkrechten Blütenständen gesegnet, aber zart und filigran im Erscheinungsbild ist das Leinkraut *(Linaria purpurea)* mit seinen rosa- bis dunkellilafarbenen kleinen Blüten. Einmal im Garten, wird es ganz sicher herumvagabundieren. Dazu passt bestens die Purpur-Witwenblume *(Knautia macedonica)*, welche ich gern mit der heimischen Wiesen-Witwenblume *(Knautia arvensis)* kombiniere. Helle Akzente bildet die Weiße Moschus-Malve (*Malva moschata* 'Alba') – auch ein dankbarer Sommerblüher. Wer mag, kann zudem noch das Patagonische Eisenkraut *(Verbena bonariensis)* einstreuen. Deren lilafarbene Blüten scheinen fast zu schweben, da man ihre Stängel kaum sieht. Um das Ganze flächig zu begrünen, werden etwas niedriger wachsende Füllstauden eingewoben. Dazu eignen sich die Bergminze (*Calamintha nepeta* ssp. *nepeta* 'Triumphator'), die Katzenminze (*Nepeta racemosa* 'Superba') und der wunderschöne Blumen-Dost (*Origanum Laevigatum*-Hybride 'Herrenhausen'). Allesamt absolute Wildbienen-Magnete. Um den speziellen Scherenbienen etwas zu bieten, sollte der Gewöhnliche Wiesenknopf *(Sanguisorba officinalis)* nicht fehlen. Er hat schönes Laub, was man im Frühling auch als Würze im Salat verwenden kann. Für den sonnigen Vordergrund oder auch in kiesigen Bereichen funktioniert der Edel-Gamander *(Teucrium chamaedrys)*. Die reizende, immergrüne Steingartenpflanze sollte für sich stehen, denn sie verträgt keine Konkurrenz. Was man zusätzlich ausprobieren kann, ist die hellgelb blühende Färberkamille *(Anthemis tinctoria)* mit dem passenden Namen 'Sauce Hollandaise'. Die reine Art blüht kräftig gelb und ist, wie könnte es anders sein, deutlich langlebiger und robuster als die Sorte.

Im Lauf der Zeit wird sich am Mauerfuß noch die eine oder andere Pflanze aus eigener Kraft einfinden, beispielsweise der Echte Lavendel *(Lavandula angustifolia)*.

Kartäuser-Nelken sind beliebt bei Schmetterlingen.

Einkaufsliste

BUNTE VIELFALT (10 M²)

- ☐ 3 × Färberkamille, *Anthemis tinctoria* 'Sauce Hollandaise'
- ☐ 5 × Bergminze, *Calamintha nepeta* ssp. *nepeta* 'Triumphator'
- ☐ 1 × Stauden-Fenchel, *Foeniculum vulgare*
- ☐ 5 × Wiesen-Witwenblume, *Knautia arvensis*
- ☐ 3 × Purpur-Witwenblume, *Knautia macedonica*
- ☐ 5 × Leinkraut, *Linaria purpurea* 'Canon Went'
- ☐ 3 × Weiße Moschus-Malve, *Malva moschata* 'Alba'
- ☐ 7 × Katzenminze, *Nepeta racemosa* 'Superba'
- ☐ 10 × Blumen-Dost, *Origanum Laevigatum* Hybride 'Herrenhausen'
- ☐ 5 × Gewöhnlicher Wiesenknopf, *Sanguisorba officinalis*
- ☐ 5 × Edel-Gamander, *Teucrium chamaedrys*
- ☐ 3 × Schwarze Königskerze, *Verbascum nigrum*
- ☐ 5 × Patagonisches Eisenkraut, *Verbena bonariensis*

DACHBEGRÜNUNG

— Jeder Quadratmeter zählt

Es gibt zwei Arten, um Dächer zu begrünen, die extensive – welche hier beschrieben wird – und die intensive, für die eine spezielle Gebäudestatik benötigt wird.

01

02

Um ein Dach zu begrünen – sei es noch so klein –, braucht es folgende technischen Voraussetzungen: eine passende Statik, ein Flachdach oder eine Dachneigung bis zu 30 Grad und das Dach muss absolut wasserdicht sein. Erst dann kann man beruhigt beginnen. Falls man unsicher ist, sollte eine Fachfirma einbezogen werden.

Als Substrate eignen sich spezielle Dachbegrünungsmischungen, welche neben etwas organischen Anteilen und Erde, vor allem porige Feststoffe wie Lava- oder Ziegelsplitt enthalten. Diese sind sehr wichtig für die Wasserspeicherfähigkeit und damit für die zukünftige Dachvegetation. Denn hier oben ist es extrem: meist ungestörte Sonneneinstrahlung und viel Wind, wodurch Wasser noch schneller verdunstet. Der Substrataufbau sollte mindestens 7 cm betragen, wobei man ein wenig modellieren kann, um das Artenspektrum der Pflanzen zu erweitern: Dort, wo wenig Substrat ist, werden die absoluten Hungerkünstler wie *Sedum*-Arten gepflanzt, an Stellen mit etwas höherem Schichtaufbau kann robuste heimische Steppenvegetation verwendet werden.

Ergänzende Elemente wie Hölzer oder kleine Sandflächen bieten Wildbienen oder Käfern Nistmöglichkeiten.

Die Stauden werden als kleine Topfware in geringer Pflanzdichte gesetzt. Dabei reichen 4 Stück/m² aus. Denn fast alle Arten verbreiten sich von selbst – entweder durch Ausläufer oder durch Aussaat. *Sedum*-Arten kann man auch als Sprossensaat ausbringen.

03

04

05

01 *Auf einem flachen Garagendach kann man einen Lebensraum für Tiere schaffen: Totholz für Käfer, kleine Sandbereiche für Bodennester von Wildbienen und heimische Pflanzen als Nahrung. Eine Bodenmodellierung erweitert das Artenspektrum.*

02 *Bei minimalstem Schichtaufbau wie auf dem Dach eines Mülltonnen-Häuschens funktionieren immer noch Sedum-Arten, Schnittlauch und die langsamwüchsige Hauswurz mit ihren schönen, oft unterschiedlich gefärbten Blattrosetten.*

03 *Auch auf einem Gartenhaus lässt sich leicht eine extensive Dachbegrünung verwirklichen.*

04 *Wenn scheinbar gar nichts mehr geht, sollte man es mit dem Weißen Mauerpfeffer (Sedum album) probieren.*

04 *Das gefällt Thymian: heiß, sonnig, trocken – eine Dachbegrünung ist wie gemacht für ihn. Aus verschiedenen Arten entsteht über die Zeit ein blühender Duft-Teppich.*

☞ ROBUSTE ALLESKÖNNER FÜR DAS SONNIGE DACH

PFLANZE	WUCHSHÖHE	BLÜTE
KLEINES HABICHTSKRAUT *Hieracium pilosella*	10 cm, starkwüchsiger Bodendecker	hellgelb, VI–VIII
FRÜHLINGS-FINGERKRAUT *Potentilla verna*	15 cm, starkwüchsiger Bodendecker	goldgelb, IV–VI
GOLD-FETTHENNE *Sedum floriferum* 'Weihenstephaner Gold'	15 cm, starkwüchsige Sukkulente	goldgelb, VI–VII
KALK-HAUSWURZ *Sempervivum calcareum*	10 cm, langsam wachsende Sukkulente	blassrosa, VI–VII

KÜHLENDER LEBENSRAUM WASSER

Bei all den Extrem-Wetterlagen sollten wir im Garten mit zwei Strategien arbeiten: sehr robuste Pflanzen verwenden und kühlende Standorte schaffen. Das können schattenspendende Bäume sein, aber auch erlebbares Wasser.

Gartenteiche oder kleine Tümpel dämpfen im Hochsommer die Hitze und ermöglichen uns, mit feuchtigkeitsliebenden Pflanzen zu arbeiten. Je größer eine Wasserfläche ist, desto besser. Allerdings hat fast niemand das Glück, einen Naturteich auf seinem Grundstück zu haben. Je nach Größe und Geschick kann man selbst einen Teich anlegen oder man lässt ihn gestalten. Selbstverständlich muss er dicht sein; vom Lehm bis hin zu Folien gibt es hierfür verschiedenste Materialien. Wichtig ist eine flache und großzügig gestaltete Randausbildung, denn hier können wir dann mit Pflanzen aus dem Vollen schöpfen. Steine oder bizarr geformtes Totholz geben dem Ganzen zusätzlich einen natürlichen Charakter.

UFERPFLANZEN

Im Sommer blüht der Brennende Hahnenfuß *(Ranunculus flammula)*. Er wird bis zu 50 cm hoch und, da er keinerlei Ausläufer bildet, ist er eine würdige Staude für den Gartenteich. Ein wahrer Hingucker ist die Kleine Sumpf-Wolfsmilch (*Euphorbia palustris* 'Teichlaterne'): Im Frühjahr erstrahlen ihre Hochblätter grünlichgelb, im Sommer brilliert sie durch einen kompakten Wuchs und im Herbst verfärbt sich ihr Laub orangerot. Eine hervorragende Staude für wechselfeuchte Bereiche ist der Schlangen-Knöterich (*Polygonum bistorta* 'Superbum') – mit rosafarbenen Kerzen und gesundem, hellgrünem Laub. Er bildet durch Ausläufer langsam schöne, große, bodendeckende Bestände.

FLIESSENDE ÜBERGÄNGE

In Sumpfbeeten oder niedrigen Teichrandbereichen müssen wir uns nicht wirklich wegen Trockenheit sorgen. Allerdings sollte ab und an kontrolliert werden, ob noch genügend Feuchtigkeit da ist. Eine Lösung wäre, das Dachflächenwasser zu nutzen. Hier funktionieren dann auch mal großblättrige Stauden wie das Schaublatt *(Rodgersia podophylla)*. Im Gegensatz zu Funkien werden seine rauen Blätter von Schnecken verschmäht. Im Sommer erstrahlen zudem ihre über 1 m hohen Blütenstände in Cremeweiß, eine perfekte Strukturpflanze für den Hintergrund. Sie wächst zunächst eher langsam, wird aber im Lauf der Jahre immer imposanter – ausreichend Platz müssen wir ihr geben. Ein schöner Bodendecker für den Randbereich oder fließende Übergänge zu Gehölzpflanzungen ist die heimische Bach-Nel-

Einkaufsliste

FLIESSENDE ÜBERGÄNGE (5 M²)

- ☐ 3 × Wiesen-Segge, *Carex pendula*
- ☐ 4 × Wiesen-Storchschnabel, *Geranium pratense*
- ☐ 5 x Bach-Nelkenwurz, *Geum rivale*
- ☐ 6 × Wiesen-Iris, *Iris sibirica*
- ☐ 1 × Schaublatt, *Rodgersia podophylla*
- ☐ 5 × Trollblume, *Trollius europaeus*

kenwurz *(Geum rivale)*. Im Lauf der Zeit bildet diese wintergrüne Staude recht große Bestände. Aber man kann gar nicht genug von ihr haben, denn sie ist so dankbar unkompliziert. Das Beste sind ihre rosa-gelblichen Kelchblüten: im Mai ein unglaublicher Anziehungspunkt für Hummeln. Später entwickeln sich fransige Samenschöpfe mit hohem Zierwert über den ganzen Sommer. Etwas weniger ausbreitungswütig sind gelb blühende Sorten oder orangerote wie 'Flames of Passion'. Gelbe Akzente am Uferrand bildet die heimische Trollblume *(Trollius europaeus)*. Mit etwas weniger Nässe kommt unsere wilde, blau blühende Wiesen-Iris *(Iris sibirica)* zurecht. Anfangs ist sie zurückhaltend im Wuchs, mit den Jahren entstehen aber große Iris-Horste. Noch vor der Blüte gesellt sich hier standortgerecht der Wiesen-Storchschnabel *(Geranium pratense)* dazu. Als Gras passt die heimische Riesen-Segge *(Carex pendula)* in die Pflanzung. Wegen ihrer Größe wird auch sie lediglich akzentuierend gepflanzt.

Der Schlangen-Knöterich ziert mit seinen rosa Blütenkerzen und bildet dichte Bestände am Uferrand.

Fließende Übergänge am Wasser bilden Pflanzen wie die rötlich blühende Bach-Nelkenwurz.

Teufelsabbiss in Zartlila

RAINGARDEN ODER SICKERMULDE

Der Sinn und Zweck eines Raingardens ist es, Niederschläge zurückzuhalten. Der technische Aufbau wurde bereits auf Seite 35 beschrieben. Wichtig für die Bepflanzung ist zu wissen, dass solche Mulden nicht zwangsläufig nass sind. Es gibt sehr wohl auch Zeiten, wo diese komplett austrocknen. Es handelt sich um wechselfeuchte Standorte, das müssen die Stauden auch aushalten: von trocken bis feucht, zudem sonnig.

GESTAFFELTE KLIMAHELDEN

Oftmals werden Staudenbeete hügelig modelliert. Hier passiert genau das Gegenteil: Im Zentrum ist eine Vertiefung. Deshalb wurden bei der Pflanzenauswahl hohe Stauden in die Mitte, mittelhohe an den Rand geplant. Der farbliche Schwerpunkt liegt von Juni bis September bei Pink bis Lilablau, in Kombination mit Weiß und etwas Gelb.

Im tieferen Bereich stehen der robuste, bis zu 80 cm hohe, gelbe Rainfarn *(Tanacetum vulgare)* und das straffe, bis zu 120 cm hohe Berg-Reitgras (*Calamagrostis varia* 'Waldenbuch'), schön kontrastierend mit den kerzenartigen Blüten der lilafarbenen Duftnessel *(Agastache rugosa)* und des pinken Blut-Weiderichs (*Lythrum salicaria*) – beide werden gut 1 m hoch. Im Frühling blüht dazwischen die Wilde Trompeten-Narzisse *(Narcissus pseudonarcissus)*. Als heller Fülleffekt passt die Weiße Spornblume (*Centranthus ruber* 'Albus'), dazu die grasartige Struktur der frühblühenden hellgelben Wiesen-Taglilie *(Hemerocallis lilioasphodelus)*. Diese duftende Wildform ist ausgesprochen dankbar.

Ringartig um die hohen Stauden ziehen sich die mittelhohen Arten – in der leichten Böschung und am Rand. Flächig kommen die heimische pink blühende Sterndolde *(Astrantia major)*, der pinke Heil-Ziest *(Stachys officinalis)* und der blauviolette Kaukasus-Storchschnabel (*Geranium Renardii*-Hybride 'Terre Franche') zum Einsatz. Neben seiner langen Blühzeit überzeugt im Herbst seine orangefarbene Blattfärbung. Dazu webt sich das Blaue Pfeifengras (*Molinia caerulea* 'Edith Dudszus') ein. Im Herbst blüht die Wild-Aster (*Aster sedifolius* 'Nanus') in Lila. Dazu gesellt sich der Teufelsabbiss *(Succisia pratensis)*, ein zartlilafarbener Dauerblüher. Wer mag, kann als Saatgut noch die Akelei *(Aquilegia vulgaris)* dazwischen streuen.

Einkaufsliste

GESTAFFELTE KLIMAHELDEN (18 M²)

- ☐ 5 × Duftnessel, *Agastache rugosa*
- ☐ 4 × Wild-Aster, *Aster sedifolius* 'Nanus'
- ☐ 3 × Berg-Reitgras, *Calamagrostis varia* 'Waldenbuch'
- ☐ 4 × Weiße Spornblume, *Centranthus ruber* 'Albus'
- ☐ 8 × Kaukasus-Storchschnabel, *Geranium Renardii*-Hybride 'Terre Franche'
- ☐ 5 × Taglilie, *Hemerocallis lilioasphodelus*
- ☐ 5 × Blut-Weiderich, *Lythrum salicaria*
- ☐ 6 × Blaues Pfeifengras, *Molinia caerulea* 'Edith Dudszus'
- ☐ 23 × Wilde Trompeten-Narzisse, *Narcissus pseudonarcissus* (Zwiebeln)
- ☐ 20 × Heil-Ziest, *Stachys officinalis*
- ☐ 6 × Teufelsabbiss, *Succisia pratensis*
- ☐ 3 × Rainfarn, *Tanacetum vulgare*

Gestaffelte Klimahelden: Im Pflanzplan des 18 m² großen Raingardens zeigt die gestrichelte Linie die Mulde an. Die hinterlegten Quadrate entsprechen 1 m² im Garten.

Duftnessel

Wild-Aster 'Nanus'

Berg-Reitgras 'Waldenbuch'

Weiße Spornblume 'Albus'

Kaukasus-Storchschnabel 'Terre Franche'

Taglilie

Blut-Weiderich

Blaues Pfeifengras 'Edith Dudszus'

Wilde Trompeten-Narzisse

Heil-Ziest

Teufelsabbiss

Rainfarn

Bunt bepflanzter Raingarden in der Sonne: Die Stauden müssen Trockenheit, aber auch Starkregen ertragen – echte Klimahelden.

Die Mischung macht's: Heimische Wildstauden und Arten aus dem Kaukasus passen gut zusammen.

SCHWERE BÖDEN – TONANGEBEND

Inzwischen ist klar: Der Boden bestimmt, was wir pflanzen können. Halten wir uns daran, dann kann fast nichts schiefgehen. Aber es gibt Böden, welche einem wirklich das Leben im wahrsten Sinne schwermachen: sehr tonhaltige Böden. Das geht schon bei der Bearbeitung los, wenn der Ton am Werkzeug und am Schuhwerk klebt. Auch ist es kaum möglich, diesen kurzfristig zu verbessern oder aufzulockern. Da vermischt sich kein Sand, auch durch Fräsen wird er nicht locker. Der einzige Weg ist, Pflanzen zu setzen und schnellstmöglich die Erde mit Vegetation zu schließen. Dann können die Wurzeln den Boden aufschlüsseln. Und die gute Nachricht: Wie die Natur so ist, es gibt für jeden Standort etwas Passendes.

Doch zurück zum Boden. Eine gute Eigenschaft von Tonböden ist, dass sie recht nährstoffreich sind. Also wird die Nahrungsversorgung nicht zum Problem. Warum ist er dann so kritisch und worauf muss bei der Pflanzenauswahl geachtet werden? Jedes Gewächs, welches Staunässe nicht verträgt, fällt schon mal weg. Das sind oftmals Geophyten oder Kräuter. Umso erstaunlicher, dass ein paar Frühjahrsblüher auf solchen Böden wachsen. Dazu gehören Narzissen. Denn diese kommen am Naturstandort auf Feuchtwiesen vor, wie die Dichter-Narzisse (*Narcissus poeticus*). Ebenso Schachbrettblumen oder die zur gleichen Art gehörenden Glockenlilie (*Fritillaria uva-vulpis*) vertragen Ton. Sogar das zierliche Balkan-Windröschen (*Anemone blanda*) funktioniert hier – auch ein Gewächs mit weiter Standortamplitude: Es geht im Steingarten, an Gehölzrändern und eben auch hier. Es vermehrt sich teppichartig, wie auch die Glockenlilie, durch Versamung. Eine heimische Variante wäre unser Busch-Windröschen (*Anemone nemorosa*).

DIE MISCHUNG MACHT'S

Auf den ersten Blick möchte man meinen, vor einer heimischen Hochstaudenflur zu stehen. Ist es aber nicht: Hier sind allerlei Wildpflanzen unterschiedlichster Herkunft bunt gemischt. Was sie aber alle eint, sind ihre Standortansprüche. Sie mögen es sonnig bis leicht halbschattig und der Boden sollte nicht trocken sein. Aspektbildend ist der Blassgelbe Klee *(Trifolium ochroleucum)*. Keine Angst, er ist eine echte Staude und hat keinen Ausbreitungsdrang. Zudem ist er aber ein ausgezeichneter Nektarlieferant für Hummeln.

Als Kontrast leuchten daneben Blüten von Dunkelpink bis Blau. Zwei *Geranium*-Arten kommen dazu zum Einsatz: der lilablaue, heimische Wald-Storchschnabel *(Geranium sylvaticum)* und der bezaubernde Armenische Storchschnabel *(Geranium psilostemon)*. Neben den Ursprungsarten gibt es bei beiden auch Auslesen, was sowohl die Farben als auch den Wuchs betrifft. So wird die Wildform vom magentaroten Armenischen Storchschnabel bis zu 90 cm hoch, wohingegen beispielsweise die Sorte 'Sumela' kompaktwüchsiger ist und sich damit gut in die Pflanzung einfügt.

Zu der naturnahen Gestaltung passt die dunkelblau blühende Punktierte Glockenblume (*Campanula Punctata*-Hybride 'Sarastro'). Trotz Züchtung hat sie ihren natürlichen Charme bewahrt. Der einzige Wermutstropfen sind die Schnecken, die sich gern an ihr vergreifen. Die dritte Dimension bringt die auf langen Stängeln blühende, purpurfarbene Kratzdistel (*Cirsium rivulare* 'Atropurpureum') in diese Pflanzung. Den Namen hat sie nicht verdient, denn im Vergleich zu ihren Namensvettern kratzt sie nicht. Sie ist eine echte, horstig wachsende Staude, welche im Lauf der Jahre immer schöner wird. Ihre nektar- und pollenreichen Blüten erfreuen eine Menge Insekten. Dazu passt noch die zartlila Wald-Witwenblume *(Knautia dipsacifolia)* und im Spätsommer kommt die dunkel-lilafarbene Prachtscharte *(Liatris spicata)* hinzu.

Als Gras wurde für den Hintergrund die Palmwedel-Segge *(Carex muskingumensis)* ausgewählt, wohingegen das Moor-Pfeifengras *(Molinia caerulea)* locker in die Pflanzung eingewebt ist.

Einkaufsliste

DIE MISCHUNG MACHT'S (10 M²)

- ☐ 5 × Punktierte Glockenblume, *Campanula Punctata*-Hybride 'Sarastro'
- ☐ 5 × Palmwedel-Segge, *Carex muskingumensis*
- ☐ 4 × Purpur-Kratzdistel, *Cirsium rivulare* 'Atropurpureum'
- ☐ 5 × Armenischer Storchschnabel, *Geranium psilostemon* 'Sumela'
- ☐ 5 × Wald-Storchschnabel, *Geranium sylvaticum*
- ☐ 5 × Wald-Witwenblume, *Knautia dipsacifolia* (Syn. *Knautia sylvatica*)
- ☐ 10 × Prachtscharte, *Liatris spicata*
- ☐ 3 × Moor-Pfeifengras, *Molinia caerulea*
- ☐ 50 × Dichter-Narzisse, *Narcissus poeticus* (Zwiebeln)
- ☐ 7 × Blassgelber Klee, *Trifolium ochroleucum*

Duftende Dichter-Narzissen mögen es eher feucht.

ALLWETTERPFLANZEN

— *Fit für Zukunft*

LEGENDE

Die Sortierung der Pflanzen erfolgt innerhalb der Gruppen jeweils von A bis Z nach den botanischen Namen.

- sonniger Standort
- halbschattiger Standort
- schattiger Standort
- insektenfreundlich

BÄUME & STRÄUCHER

Das Pflanzen von Gehölzen ist ein wichtiger Schritt für einen klimaresilienten Garten. Mehr denn je ist dabei entscheidend, Arten auszuwählen, welche den veränderten Wettersituationen langfristig gerecht werden.

Naturgemäß wachsen Bäume eher langsam. Umso mehr sollten unsere Zukunftsbäume auf den ersten Anhieb funktionieren. Später nachzubessern würde bedeuten, viel Zeit zu verlieren.

BÄUME ALS LEBENSRAUM FÜR TIER UND MENSCH

Die Aufgabe von Gehölzen ist schon lange nicht mehr rein gestalterischer Art, sie liefern uns im Sommer mit ihrer Krone auch angenehmen Schatten, und die Fülle ihrer Blätter verströmt durch Transpiration Kühle. Zugleich können sie die Biodiversität fördern und mit ihren Blüten und Früchten verschiedensten Tieren ein Nahrungsangebot liefern. Beim „Klimacheck" fallen allerdings immer mehr Gehölze durch, welche wir traditionell gepflanzt und an die wir uns gewöhnt haben. Ohne Bewässerung würden sich beliebte Arten wie Garten-Hortensien in Zukunft nicht mehr gesund entwickeln. Aber Gießen ist keine Lösung!

Andererseits eröffnen sich uns wegen der höheren Durchschnittstemperaturen auch komplett neue Pflanzmöglichkeiten, auf die wir durchaus setzen sollten. Anfang der 2000er-Jahre hätte ich es niemals gewagt, eine Feige „einfach so" in einem Garten zu pflanzen. Inzwischen geht das.

Keine Scheu vor Gehölzen im Garten – im Gegenteil!

KLIMAGEHÖLZE – DIE RICHTIGEN ARTEN

Mitbringen sollten solche Zukunftsgehölze nach Möglichkeit ein tief reichendes Wurzelsystem, wodurch sie sich besser mit Wasser versorgen und damit Trockenperioden gut überstehen können. Zugleich müssen sie aber auch Kälte und Frost vertragen. Auch wenn das alles sehr einschränkend klingt, die Pflanzenpalette hat sich einfach verschoben. Bei der vorliegenden Gehölzauswahl wurde auf diese Aspekte ein besonderes Augenmerk gelegt, zudem aber auch auf deren Wuchsgröße und gestalterische Verwendungsmöglichkeiten.

Die meisten Grundstücke sind heute kostenbedingt eher klein. Dementsprechend muss auch das Wuchsverhalten von Bäumen und Sträuchern berücksichtigt werden. Trotzdem ist es wichtig, Gehölze, vor allem Bäume, zu pflanzen, und zwar nicht nur einen. Fast jeder Garten, egal ob groß oder klein, verträgt das.

GEWÖHNLICHER JUDASBAUM

— *Cercis siliquastrum*

Wuchs Kleinbaum oder Großstrauch, bis zu 6 m hoch und breit. Schirmartige Krone.
Blüte & Frucht Pinkfarbene, duftende Schmetterlingsblüten direkt am Stamm und an alten Ästen, vor dem Laubaustrieb im April bis Mai. Auch weiß blühende Sorten erhältlich. Im Herbst braune Hülsenfrüchte.
Im Garten Aufgrund seiner Größe kann er gut in kleineren Gärten als Solitär Verwendung finden. Neben seiner Blüte besticht er durch attraktive, herzförmige Blätter, welche sich im Herbst orange verfärben. Als Jungbaum etwas frostgefährdet, deshalb sollte er sonnig und geschützt stehen. Keine besonderen Bodenansprüche.
Klimacheck Dieser mediterrane Tiefwurzler übersteht bestens längere Trockenperioden.

BLASENSTRAUCH

— *Colutea arborescens*

Wuchs Strauch, bis zu 3 m groß und ca. 2,5 m breit werdend, lockerer Wuchs, schnellwüchsig.
Blüte & Frucht Gelb, lange Blütezeit von Mai bis September. Aparte, blasenartige Früchte.
Im Garten Dieser attraktive Dauer-Sommerblüher bevorzugt sonnige Standorte. Wegen seines lockeren Wuchses kann man ihn als Solitär in eine Steppenbepflanzung integrieren. Auch in einer Blühhecke bei genügendem Licht funktioniert er. Wird er zu groß, kann man ihn gut schneiden. Der Boden darf von frisch bis durchlässig sandig sein, denn als Schmetterlingsblütler „düngt" er sich dank Knöllchenbakterien selbst.
Klimacheck Er ist unverwüstlich: Hitze, Frost, Trockenheit, Nährstoffmangel, all das macht dem Tiefwurzler nichts aus.

PRACHT-PFAFFENHÜTCHEN
— *Euonymus europaeus* 'Red Cascade'

Wuchs Kleiner bis mittelgroßer Strauch, locker aufrecht, bis zu 5 m hoch und 3 m breit.
Blüte & Frucht Gelbgrüne, unscheinbare Blüten im Mai, karminrote Früchte mit orangefarbenem Samenmantel, reichfruchtende Sorte.
Im Garten Man kann den Strauch in eine Wildhecke oder in Einzelstellung ins Staudenbeet integrieren. Im naturnahen Garten passen heimische Stauden dazu. Im Herbst ist er aufgrund der vielen attraktiven Früchte ein wahrer Hingucker: Wächst er in der Sonne, dann entfaltet sich seine leuchtend rote Blattfärbung am besten. Er benötigt nährstoffreiche, kalkhaltige Böden.
Klimacheck Als heimisches Wildgehölz vom sonnigen Waldrand übersteht der Herzwurzler Trockenheit gut, frosthart ist er sowieso.

ECHTE FEIGE
— *Ficus carica*

Wuchs Kleinbaum oder Großstrauch, je nach Standort bis zu 5 m hoch. Unregelmäßig, schnellwüchsig und stark verzweigend.
Blüte & Frucht Unscheinbar und grün. Ab Herbst grüne bis violette, süße, essbare Früchte.
Im Garten Feigen sorgen für Urlaubsfeeling. Sie benötigen einen sonnigen bis absonnigen Standort. Am besten auch etwas geschützt, an einer sonnigen Wand oder in einem Innenhof. Im Pflanzjahr noch frostempfindlich, entwickeln sie sich schnell und üppig. Wenn notwendig, dann kräftig zurückschneiden.
Klimacheck Mit ihrer Pfahlwurzel verträgt die Klimagewinnerin, einmal angewachsen, fast alles: Trockenheit und Hitze im Sommer, Kälte und Feuchtigkeit im Winter.

BLUMEN-ESCHE
— *Fraxinus ornus*

Wuchs Kurzstämmiger, langsam wachsender Kleinbaum, bis zu 8 m hoch, ca. 5 m breit. Lockere Rundkrone.
Blüte & Frucht Cremeweiße, duftende, bis zu 15 cm große fedrige Rispen im Mai. Im Herbst 2 cm lange, glänzend orangerote Flügelnüsschen.
Im Garten Dieser attraktive Laubbaum benötigt einen sonnigen Standort auf durchlässgem Boden. Schwere Tonböden werden nicht vertragen. Wegen seiner überschaubaren Größe eignet er sich als Schattenbaum für kleine Gärten. Eine Unterpflanzung ist möglich. Später Blattaustrieb, dafür orangebraune Herbstfärbung.
Klimacheck Die Südosteuropäerin verträgt dank ihrer tiefen Herzwurzeln sehr gut Hitze und Trockenheit, aber auch Frost und Niederschläge.

GEWÖHNLICHER GOLDREGEN
— *Laburnum anagyroides* (Syn. *L. vulgare*)

Wuchs Kleinbaum, bis zu 7 m hoch und 4 m breit. Lockerer Astaufbau, meist mehrstämmig. Schnellwüchsig: bis zu 30 cm im Jahr.
Blüte & Frucht Goldgelbe, hängende Trauben im Mai und Juni. 8 cm lange Hülsenfrüchte.
Im Garten In Bezug auf den Boden ist Goldregen anspruchslos: von trocken bis frisch, auch lehmig. Wegen seines malerischen Gesamtbilds sollte er solitär gepflanzt werden. Sein bevorzugter Standort liegt in der Sonne. Als Flachwurzler ist eine Unterpflanzung nur mit robusten Stauden möglich. Man kann ihn auch als Spalier erziehen. Alle Teile sind giftig!
Klimacheck Dieser in Mittel- und Südosteuropa heimische Baum verträgt als Tiefwurzler sowohl tiefe Temperaturen als auch Hitze.

ZIER-APFEL

— *Malus* 'Evereste'

Wuchs Kleinbaum oder Großstrauch, breit-pyramidale Krone, bis zu 5 m hoch und 4 m breit.
Blüte & Frucht Üppig blühend von Mai bis Juni. Weiße, rosa überhauchte, einfache Blüten. Später orangerote, 2 bis 3 cm große Früchte, die lange hängen bleiben – gutes Winterfutter für Vögel.
Im Garten Für sonnige bis halbschattig Standorte, mit nährstoffreichem, durchlässigem Boden. Als Hochstamm ist er ein schöner Schattenspender im Hausgarten, auch für Eingangssituationen mit Unterpflanzung gut geeignet. Die Sorte erfreut im Herbst mit einer goldgelben Blattfärbung.
Klimacheck Diese Sorte zeichnet sich durch eine sehr gute Frosthärte aus. Extreme Hitze und Trockenheit werden allerdings nicht vertragen.

ECHTE MISPEL

— *Mespilus germanica*

Wuchs Kurzstämmiger Kleinbaum, bis zu 6 m hoch, breit-knorrige Krone. Langsamwüchsig.
Blüte & Frucht Große, hübsche, weiße Blüten nach dem Laubaustrieb, Ende Mai bis Juni. Braune ca. 3 cm große, essbare Früchte, erst nach dem Frost genießbar.
Im Garten Dieses malerische Wildgehölz mit seinen gesunden und attraktiven Blättern, welche im Herbst orangegelb strahlen, kann sowohl allein als auch in einer Wildhecke stehen. Als Tiefwurzler passen darunter Bodendecker wie *Geranium*-Arten. Die Mispel mag es sonnig, verträgt aber auch Halbschatten. Der Boden sollte eher nährstoffreich und tiefgründig sein.
Klimacheck Stammt aus Südosteuropa, verträgt Hitze und trockene Phasen sehr gut.

HOPFENBUCHE
— *Ostrya carpinifolia*

Wuchs Mittelgroßer Baum, bis zu 13 m hoch und 8 m breit. Zunächst eiförmige Krone, später rund und locker. Langsamwüchsig.
Blüte & Frucht Etwa 10 cm lange gelbgrüne Blütenkätzchen von März bis Mai. Im Herbst interessante, hopfenartige Fruchtstände.
Im Garten Die Hopfenbuche sieht anfangs einer Hainbuche sehr ähnlich. Ist genügend Platz vorhanden, pflanzen wir sie als schattenspendenden Einzelbaum. Im Lauf der Jahre bildet sie eine wunderschöne Krone. Im Herbst besticht sie mit gelber Laubfärbung. Ihre Bodenansprüche sind gering, sie wächst sowohl auf trockenem wie auch auf feuchtem Untergrund.
Klimacheck Im Kaukasus beheimatet, bringt sie Frosthärte und Trockenheitstoleranz mit.

ZWERG-MANDEL
— *Prunus tenella*

Wuchs Kleinstrauch, bis maximal 1,5 m hoch und breit. Bildet Ausläufer, langsamwüchsig.
Blüte & Frucht Schöne rosa Blüten im April vor dem Laubaustrieb. Kleine, runde Früchte.
Im Garten Das zierliche Gehölz passt am besten in Einzelstellung in Stein- und Steppengärten oder niedrige Wildstaudenpflanzungen. Diese Mandel wächst auf fast allen Böden, solange sie durchlässig sind. Staunässe wird nicht vertragen. Ihr im Sommer glänzend grünes Laub verfärbt sich im Herbst attraktiv gelb.
Klimacheck Das natürliche Verbreitungsgebiet der Zwerg-Mandel beginnt im östlichen Österreich und reicht bis nach Sibirien. Kein Wunder, wie frosthart und robust sie ist. Auch Trockenheit übersteht der Tief- bzw. Herzwurzler gut.

WEIDENBLÄTTRIGE BIRNE
— *Pyrus salicifolia*

Wuchs Kleinbaum, bis zu 5 m hoch und 4 m breit, locker überhängend. Langsamwüchsig.
Blüte & Frucht Weiße Blüten während des Laubaustriebs im Mai. Unscheinbare, grüne Birnen.
Im Garten Von der Ferne wirkt dieser Birnbaum mit den silbrig-grünen Blättern wie ein Olivenbaum. Da er Sonne braucht, passt er perfekt als Solitär in eine Pflanzung mit südlichem Flair oder in Steppengärten. Wegen des lockeren Wuchses kann er bestens mit sonnenliebenden Stauden wie Salbei unterpflanzt werden, er verträgt es sogar eingepflastert zu werden.
Klimacheck Dieser tiefwurzelnde, südrussische Allrounder ist klar ein Klimagehölz: Der Boden darf trocken bis feucht sein, Hitze wie auch Frost sind gar kein Problem.

RISPEN-PIMPERNUSS
— *Staphylea pinnata*

Wuchs Mittelgroßer, aufrechter Strauch, bis zu 4 m hoch und 2,5 m breit.
Blüte & Frucht Grünlichweiße, ca. 10 cm lange, duftende Rispen, von Mai bis Juni. Gelblichgrüne, klappernde Kapselfrüchte.
Im Garten Die heimische Pimpernuss liebt einen sonnigen bis halbschattigen Standort. Der Boden sollte frisch, nicht zu trocken, aber sickerfähig sein. Aufgrund ihrer Blüten und des frühen Laubaustriebs darf man ihr einen besonderen Platz geben oder sie in eine Hecke integrieren. Da sie sowohl tiefe als auch flache Wurzeln hat, funktioniert eine Unterpflanzung nur mit robusten Stauden wie dem Rauling.
Klimacheck Die Klimagewinnerin verträgt Hitze und Trockenphasen.

UNGARISCHER FLIEDER
— *Syringa josikaea*

Wuchs Mittelgroßer Zierstrauch, straff aufstrebend, bis zu 3 m hoch. Mittel- bis starkwüchsig.
Blüte & Frucht Ab Mai helllila Blütenrispen, leicht geneigt und stark duftend. Früchte unscheinbar.
Im Garten Am besten kommt er als Solitär an einem sonnigen Standort zur Geltung. Allerdings sollte man seine Größe nicht unterschätzen. Da er Tiefwurzler ist, funktioniert eine Unterpflanzung sehr gut. Als Boden bevorzugt er einen nährstoffreichen Gartenboden, nur Staunässe mag er nicht. Sand wäre ihm allerdings zu trocken.
Klimacheck Der aus den Karpaten stammende Flieder ist sehr frosthart. Mit seinen tiefen Wurzeln versorgt er sich an passendem Standort auch über Dürreperioden.

WEITERE ROBUSTE BÄUME UND STRÄUCHER

NAME	WUCHS	ZIERWERT	STANDORT	KLIMACHECK
FELSENBIRNE *Amelanchier ovalis*	bis zu 2,5 m hoch und breit, malerisch	weiße Blüten, April bis Mai, Früchte	sonnig, durchlässiger Boden	verträgt Trockenheit und Frost
SCHMETTERLINGSSTRAUCH *Buddleja davidii* 'Royal Red'	bis zu 3 m hoch und breit	purpurrote Blütenrispen, Juli bis Anfang Oktober	sonnig, warm, durchlässiger Gartenboden	verträgt Trockenheit und Frost, treibt immer wieder aus
PERÜCKENSTRAUCH *Cotinus coggygria*	bis zu 4 m hoch	tuffige Blütenstände, orangegelbe Herbstfärbung	sonnig, durchlässiger, kalkhaltiger Boden	verträgt Trockenheit und Frost
MÖNCHSPFEFFER *Vitex agnus-castus*	bis zu 1,5 m hoch und breit	blaue Blütenstände, August bis Anfang Oktober	sonnig, durchlässiger, trockener Boden	verträgt Trockenheit und etwas Frost, treibt immer wieder aus
SAUERDORN *Berberis vulgaris*	bis zu 2,5 m hoch und breit	gelbe Blütenrispen im Mai, rote Früchte	sonnig bis halbschattig, durchlässiger Kalkboden	Trockenheit und Frost

BODENDECKER

Aus einem zeitgemäßen Garten sind attraktive und insektenfreundliche Bodendecker nicht mehr wegzudenken – wegen ihres geringen Pflegeanspruchs und des positiven Bodenschutzes.

BEGRÜNUNG IST ANGESAGT

Den Boden mit einer Vegetationsschicht zu schließen, geht eigentlich immer. Verwendet man Stauden mit horstigem Wuchs, sollten die Pflanzen recht eng und in hoher Stückzahl gesetzt werden. Nach spätestens zwei Jahren wird der gewünschte Effekt, eine annähernd geschlossene Bodenbedeckung, eintreten. Besonders unter Gehölzen, in Hangsituationen oder auf untergeordneten Beetflächen sind ausläuferbildende Bodendecker die erste Wahl. An solchen Stellen wurde bisher leider allzu oft Rindenmulch ausgebreitet, welcher den ph-Wert des Bodens verändert. Und falls doch ein paar vereinzelte Stauden da waren, kamen diese damit nicht zurecht und sind eingegangen. Diese Flächen stellen aber gestalterisch und auch ökologisch ein großes Potenzial dar. Also: Hände weg vom Rindenmulch, Begrünung heißt die Devise.

Selten für Bodendecker: Zwerg-Wild-Astern, hier die weiße Aster ageratoides 'Starshine', blühen im Sommer.

GANZ SCHÖN DICHT

In den Randbereichen des Gartens sollen Pflanzen wachsen, welche schnellstmöglich damit zurechtkommen, auf sich selbst gestellt zu sein. Und dies sind Stauden, welche durch starke Ausläufer schnell dichte Teppiche bilden, sofern sie am passenden Standort stehen und schneckenresistent sind. Die Idee ist ähnlich wie beim Rindenmulch, nur nachhaltiger. Durch den Bewuchs wird ein „offener" Boden vermieden, in dem einjährige Flugunkräuter keimen könnten. Auch teils noch im Boden vorhandene Wurzelunkräuter haben es hier schwer. Ist allerdings die Durchwurzelung im Bestand, beispielweise mit Ackerwinden, zu stark, bleibt uns nichts anderes übrig, als im Vorfeld die Wurzeln mit einer Grabegabel – so weit es geht – zu entfernen.

Ein weiterer positiver Effekt einer flächigen Begrünung ist, dass die oberste Bodenschicht weniger austrocknet. Denn sie ist nun durch Blattwerk geschützt. Und letztendlich bringen schönes, gesundes Laub und blühende Bodendecker massenhaft Farbe in Randbereiche, welche damit aufgewertet werden. Perfekt, wenn diese Pflanzen auch noch von Wildbienen und anderen Insekten geliebt werden.

Das sind die Ansprüche, welche ich an „echte" Bodendecker stelle und um solche Arten soll es hier gehen.

ZWERG-WILD-ASTER

— *Aster ageratoides* var. *adustus* 'Nanus'

Wuchs 15 bis 25 cm hoch, kurze Ausläufer, kissenartig. 6 St./m².
Blüte & Laub Hellvioletter Massenblüher, Juli bis September. Gesundes, hellgrünes Blatt.
Im Garten Diese asiatische Aster mit ihrem ausgesprochen gesunden Laub, den unzähligen Blüten und ihrer Wuchsstärke zählt zu den eher ungewöhnlicheren Bodendeckern. Als Standort sagt ihr Sonne bis Halbschatten zu. Je absonniger sie steht, desto mehr Trockenheit verträgt sie. Alle durchlässigen Bodenarten werden vertragen. Als Gehölz Unterpflanzung geeignet, aber auch zwischen Wildstauden.
Klimacheck Sehr anpassungsfähige Staude, welche kurzzeitige Trockenheit verträgt. Vor Kahlfrösten mit etwas Reisig schützen.

ELFENBLUME

— *Epimedium × perralchicum* 'Frohnleiten'

Wuchs 20 bis 25 cm hoch, wüchsiger, rhizombildender Flächendecker, 10 St./m².
Blüte & Laub Schwefelgelb, April bis Mai. Attraktives, gesundes, wintergrünes, im Austrieb rotbraunes Blatt.
Im Garten Der Name ist Programm: Elfenhaft tanzen die Blüten über dem Blättermeer. Die Elfenblume möchte einen humosen Gartenboden in schattigen Gartenpartien. Somit passt sie perfekt unter Gehölze. Tolerant lässt sie sich auch gut mit anderen Schattenstauden kombinieren. Herabfallendes Laub verschwindet zwischen ihren Blättern, wodurch Pflanzungen „sauber" aussehen. Ein richtiger Laubschlucker.
Klimacheck Die Sorte ist robust und frosthart, hält selbst trockenen Schatten aus.

BALKAN-WOLFSMILCH
— *Euphorbia amygdaloides* ssp. *robbiae*

Wuchs 30 bis 40 cm hoch, bildet durch Ausläufer dichte Teppiche, gut wüchsig, 6 St./m^2
Blüte & Laub Grünlich-gelbe Scheindolden im Mai. Wintergrün mit dunkelgrünen, ledrigen Blättern, rosettenartig angeordnet.
Im Garten Dank ihrer äußerst dekorativen Blätter und des attraktiven Gesamterscheinungsbilds ist diese Wolfsmilch ein Dauer-Hingucker. Sie bevorzugt humosen Boden an eher schattigen Plätzen. Damit passt sie an den Gehölzrand oder unter Gehölze. Im Frühjahr bringen ihre leuchtenden Blüten Licht in den Schatten.
Klimacheck Sehr gute Trockenheitstoleranz, auch im Schatten. Bei Kahlfrost können die Blätter unansehnlich werden, dann einfach zurückschneiden. Sie treibt wieder aus.

WALD-ERDBEERE
— *Fragaria vesca*

Wuchs 15 cm hoch, starke Ausläuferbildung, schnellwüchsig, 12 St./m^2.
Blüte & Laub Weiß, Mai bis Juni. Wintergrün, symbolträchtiges, dreigeteiltes Blatt.
Im Garten Eine Alleskönnerin für Plätze im Garten, mit denen man nicht viel Arbeit haben möchte. Allerdings sollte es zumindest halbschattig sein, wie unter Beerensträuchern. In kürzester Zeit bedeckt die Wald-Erdbeere mit ihren Ausläufern große Flächen und lässt andere Stauden nicht mehr zu, auch keine unerwünschten Beikräuter. Einmal gepflanzt, ist sie da. Als Boden mag sie es humos. Nicht nur wegen ihrer süßen Früchte sollte sie in keinem Garten fehlen.
Klimacheck Die Wald-Erdbeere erträgt fast alles, solange sie schattig steht.

BALKAN-STORCHSCHNABEL
— *Geranium macrorrhizum* 'Czakor'

Wuchs 25 bis 40 cm hoch, kissenartige Teppiche durch Rhizome, starkwüchsig, 8 St./m².
Blüte & Laub Purpurrosa, Mai bis Juli. Wintergrünes Laub mit schöner Herbstfärbung.
Im Garten Dieser Storchschnabel eignet sich zur großflächigen Verwendung, schön auch unter Hecken oder an problematischen Hanglagen. Dank seiner starken Blütenfarbe leuchtet er aus den dunkelsten Ecken heraus. Er verträgt Halbschatten, aber auch Sonne und stellt keine großen Ansprüche an den Boden.
Klimacheck Der Name sagt es schon: Von trockenen Felsstandorten des Balkans kommend, verträgt diese Art tiefe wie auch hohe Temperaturen sowie Trockenheit.
Weitere Sorte 'Spessart' blüht zartrosa-weiß.

ROSENWALDMEISTER
— *Phuopsis stylosa* 'Purpurglut'

Wuchs 20 cm hoch, schnellwüchsiger Mattenbildner durch Absenker, 7 St./m².
Blüte & Laub Purpurrosa, duftend, Juni bis August. Wintergrüne, nadelförmige Blättchen.
Im Garten Dieses zunächst so zart wirkende Geschöpf kann mehr, als man ihm zutraut. Es funktioniert sowohl in steinigen und trockenen Gartensituationen als auch unter Gehölzen auf frischem Boden, sofern dieser durchlässig ist. Da dieser Sommerblüher Konkurrenz zulässt, passt er auch ins Staudenbeet. Er gedeiht von der Sonne bis in den lichten Schatten.
Klimacheck Ein frostharter Bodendecker für Extremstandorte, von trocken bis sogar leicht feucht. Die Sorte ist im Vergleich zur Ursprungsart farbintensiver und robuster.

KAUKASUS-BEINWELL
— *Symphytum grandiflorum* 'Hidcote Blue'

Wuchs 20 bis 30 cm hoch, ausläuferbildend, teppichartig und starkwüchsig, 9 St./m².
Blüte & Laub Hellblaue Glocken, April bis Mai. Massenblüher. Blätter rau und gesund.
Im Garten Dieser anspruchslose Flächendecker funktioniert im Halbschatten auf normalem Gartenboden.Da er Trockenheit sehr gut verträgt, kann er unter Gehölzen oder Problemzonen wie im Schatten am Haus wachsen.
Klimacheck Wenn nichts mehr wächst, dann ist Kaukasus-Beinwell die richtige Wahl. Weder Frost noch Trockenheit können ihm etwas anhaben. Falls Blätter mal unschön sein sollten, einfach entfernen.
Weitere Sorte Wunderschön, aber etwas weniger konkurrenzstark ist 'Blaue Glocke'.

RAULING
— *Trachystemon orientalis*

Wuchs 20 bis 40 cm hoch, bildet durch Rhizome langsam einen dichten Bestand, 2 St./m².
Blüte & Laub Violettblau, borretschartig, März bis April. Absoluter Hummelmagnet. Attraktive raue, große Blätter, sehr gesund.
Im Garten Ein Bodendecker für den trockenen Schatten. Der Boden sollte eher humos sein. Falls sein Laub bei längerer Trockenheit etwas erschlafft, keine Sorge: Beim nächsten Regen erholt es sich wieder. Bleibt der Regen aus: vertrocknete Blätter abschneiden. Er ist so robust, dass er sogar unter flach wurzelnden Gehölzen wie Fichten wächst. So etwas findet man selten.
Klimacheck Die Heimat des Raulings ist der Kaukasus, wodurch er eine sehr gute Frostverträglichkeit mitbringt.

KLEINES IMMERGRÜN
— *Vinca minor*

Wuchs 10 bis 15 cm hoch, lang wurzelnde Triebe, braucht anfangs etwas Zeit, 5 bis 7 St./m².
Blüte & Laub Blau, April bis Mai. Immergrüne, dunkelgrün glänzende Blätter.
Im Garten Diese heimische Waldpflanze bildet im Lauf der Jahre dichte Teppiche. Das Immergrün ist eine echte Schattenpflanze, so will es auch verwendet werden: unter Gehölzen und Bäumen, auf keinen Fall in der Sonne. Seine wunderhübschen Blüten stehen im Kontrast zum dunklen Laub und haben große Leuchtkraft.
Klimacheck Das Immergrün hält trockenen Schatten aus, freut sich aber auch über normalen, frischen Gartenboden.
Sorten Neben der reinen Art gibt es Sorten in Weiß oder Dunkelrot – meist weniger wüchsig.

TEPPICH-GOLDERDBEERE
— *Waldsteinia ternata*

Wuchs 10 bis 15 cm hoch, starke Ausläuferbildung, schnellwüchsig, 9 St./m².
Blüte & Laub Gelb, April bis Mai. Immergrünes, glänzendes Blatt.
Im Garten Einer der zuverlässigsten Bodendecker für den Schatten und zudem sehr langlebig. Er hat keine großen Bodenansprüche. Kombiniert werden kann er nur mit Gehölzen, da er Stauden überwuchern würde. Aber damit ist er prädestiniert als Unterpflanzung, zum Beispiel von Baumtellern. Mit seinem schönen Laub wirkt er stets gepflegt.
Klimacheck Die Waldsteinie haut so schnell nichts um: weder Frost, noch Trockenheit oder zu viel Feuchte. Lediglich in der Sonne sollte sie nicht stehen.

STAUDEN & GRÄSER

Stauden und Gräser bringen Leben, Abwechslung und Farbe in den Garten. Man kann gar nicht genug von ihnen haben. Wer noch wenig Erfahrung mit ihnen hat, dem sei versichert: Sie sind ausgesprochen pflegeleicht.

STAUDEN – BUNTE VIELFALT IM GARTEN

Damit das Ganze auch funktioniert, ist es wie immer: Es müssen die richtigen Kandidaten für den passenden Standort ausgewählt werden. Doch das ist bei Stauden kein Problem, denn es gibt eine große Fülle. Manchmal ist es eher die Herausforderung, sich zwischen den vielen Optionen zu entscheiden.
Um Staudenlisten zu erstellen, sollte man sich Zeit nehmen und sich mit jeder Pflanze auseinandersetzen. Parallel analysiert man den Pflanzenbereich nach Besonnung und Bodenbeschaffenheit. Auch sollte nochmals bedacht werden, wie es erfahrungsgemäß mit Niederschlägen aussieht.

Gute Kombi: Quirlblütiger Salbei und Gräser

Ein weiterer, wunderbarer Aspekt ist die unterschiedliche Blühzeit: Mit Stauden können wir fast das ganze Jahr Farbe in den Garten bringen. Dann kann die Zusammenstellung beginnen. Dazu werden die präferierten Arten nach ihren Voraussetzungen geprüft. Passt eine nicht, fliegt sie raus.
Und daran sei auch nochmals erinnert: Heimische Wildarten stellen auch ein Nahrungsangebot für Wildtiere dar. Wir sollten deshalb so viele wie möglich in den Garten integrieren. Was gibt es Schöneres, als eine attraktiven Blüte, an der sich Wildbienen und Schmetterlinge tummeln.

WOGENDE GRÄSER UND ZIERLICHE HALME

Der berühmte Staudenzüchter Karl Foerster hat es auf den Punkt gebracht, als er sagte „Gräser sind das Haar der Mutter Erde". Sie bringen in Pflanzungen durch ihre filigrane Struktur Leichtigkeit und beim kleinsten Lufthauch Bewegung. Doch besonders Gräser müssen vor ihrer Verwendung geprüft werden, nicht nur in Bezug auf die Standortvoraussetzungen. Denn es gibt einige, welche vor allen in Staudenbeeten unerwünschte Ausläufer bilden.
Die meisten Gräser haben ihren Blühhöhepunkt im Herbst, wenn sich das Gartenjahr schon langsam dem Ende zuneigt und nur noch wenige Stauden blühen. Dann übernehmen Gräser mit ihren oftmals attraktiven Blütenständen und der warm-leuchtenden Blattfärbung die Hauptrolle. Und weil sie so schön sind, lassen wir sie auch den Winter über stehen. Erst im Frühling vor dem Blattaustrieb werden die Halme abgeschnitten.

OCHSENZUNGE

— *Anchusa azurea* 'Loddon Royalist'

Wuchs 60 bis 100 cm hoch, horstig, aufrecht, aber ausladend, braucht daher viel Platz.
Blüte & Laub Leuchtend blau, Juni bis Juli. Lanzettlich, dunkelgrün.
Im Garten Wer die Farbe Blau liebt, kommt um diese Ochsenzuge nicht herum: die Sorte 'Loddon Royalist' präsentiert sich mit enzianfarbenen Einzelblüten. Diese werden von Schmetterlingen, aber auch Wildbienenarten angeflogen. Wohl fühlt sie sich in der Sonne auf sehr durchlässigen Substraten wie sandigem Gartenboden. Somit passt sie in den Gravel Garden, ins Staudenbeet, aber auch an eine sonnig-heiße Hauswand.
Klimacheck Als mediterraner Tiefwurzler ist sie sehr trockenheitsverträglich. Nur winterliche Staunässe wird nicht vertragen.

PYRENÄEN-ASTER

— *Aster pyrenaeus* 'Lutetia'

Wuchs 60 bis 70 cm hoch, horstig, halbkugelig-ausladend, aber standfest.
Blüte & Laub Hellviolett, August bis Oktober. Gesundes, dunkelgrünes Blatt.
Im Garten Diese robuste Wildaster passt in naturhafte Steppenpflanzungen, aber auch mit klassischen Stauden und Rosen lässt sie sich kombinieren. Wegen ihres kugelig-lockeren Wuchses sollte jede Pflanze einzeln für sich wirken, also nicht in Gruppen setzen! Die pflegeleichte Art liebt einen sonnigen Standort, Wärme und durchlässigen, aber kalkhaltigen Boden.
Klimacheck Als Staude der spanischen Bergwelt ist sie sehr trockenheitsverträglich. Aber auch Frost macht ihr nichts aus, da sie sich im Winter zurückzieht.

KERZEN-KNÖTERICH

— *Bistorta amplexicaulis* 'Firetail', 'Speciosum'

Wuchs 100 bis 120 cm, locker-aufrecht, stetige Ausbreitung durch Rhizome.
Blüte & Laub Scharlachrote Blütenähren, Juli bis Oktober. Lanzettliches, hellgrünes Blatt.
Im Garten Die im Lauf der Jahre mächtig werdende Staude braucht Platz und kann nur mit ebenfalls starken Stauden kombiniert werden. Für normale, frische bis feuchte Gartenböden, in Sonne bis Halbschatten. Da sie langanhaltend attraktiv ist, funktioniert sie auch als robuste Flächenpflanzung.
Klimacheck Vorausgesetzt, dieser Knöterich steht am richtigen Platz, gehört er ganz sicher zu den Klimahelden an nicht zu trockenen Plätzen.
Weitere Sorten 'Alba' oder 'Rosea' haben hellere Blüten. Sie sind genauso unkompliziert.

BERGMINZE

— *Calamintha nepeta* ssp. *nepeta*

Wuchs 30 bis 50 cm hoch, horstig, halbkugelig-kompakt, grazil.
Blüte & Laub Weiß-zartblau, Juli bis Oktober. Stark nach Minze duftende Blättchen.
Im Garten Die Bergminze sollte in keinem Garten fehlen, dafür ist ihr Einsatzbereich zu groß: vom Stauden- oder Kiesbeet über den Steingarten bis hin zum sonnigen Gehölzrand. Als Dauerblüher mit entzückenden kleinen Blüten webt sie sich wie ein Schleier in vollsonnige Pflanzungen ein. Zudem ist sie ein Insektenmagnet. Die Sorte 'Triumphator' ist steril, was den Vorteil hat, dass sie sich nicht massenhaft versamt.
Klimacheck Frost oder lange Trockenphasen steckt sie ohne Weiteres weg, nur Staunässe mag sie nicht.

BERG-SEGGE

— *Carex montana*

Wuchs 15 bis 25 cm, halbrund, schopfähnlich, dichte Horste.
Blüte & Laub Schwefelgelb, März bis Mai. Sommergrüne Blätter, im Herbst gelb-orange.
Im Garten Diese heimische Segge bildet Blatthorste, welche im Lauf der Jahre immer schöner werden. Im Frühling erstrahlt sie mit ihren hellen Blütenschöpfen und im Herbst dank ihrer Blattfärbung. Zudem ist sie sehr langlebig. Damit kann sie gut als flächige Unterpflanzung von Gehölzen im lichten Schatten verwendet werden, wobei sie auch Sonne aushält. Der Boden sollte kalkhaltig sein.
Klimacheck Weite Standortamplitude: sonnig bis halbschattig, trocken bis frisch. Da sie aus alpinen Bereichen stammt, ist sie sehr frosthart.

STEPPEN-WOLFSMILCH

— *Euphorbia seguieriana* subsp. *niciciana*

Wuchs 40 bis 60 cm, halbkugelig, leicht überhängend. Früher Austrieb.
Blüte & Laub Grünlich-gelbe Blütendolden, Juni bis Oktober. Nadelartige, hellgrüne Blätter.
Im Garten Schon sehr zeitig im Frühjahr wirken die blaubereiften Blätter dieser Wolfsmilch. Wegen ihres attraktiven Wuchses sollte sie einzeln stehen und ausreichend Platz bekommen. Im Sommer leuchten ihre Blüten lange aus der Pflanzung heraus. Gestalterisch passt sie zusammen mit Gräsern und Salvien natürlich bestens in einen Steppengarten oder Gravel Garden. Sie benötigt Sonne und einen durchlässigen, aber humusreichen Boden.
Klimacheck Diese seltene, heimische Staude verträgt alles außer Staunässe und Schatten.

KAUKASUS-STORCHSCHNABEL
— *Geranium renardii*

Wuchs 20 bis 30 cm, kugelig-kompakt, horstig.
Blüte & Laub Weiß mit blauen Adern, Juni bis Juli. Ledrig, blaubereifte Blätter, wintergrün.
Im Garten Diese Staude kann nur zum Gartenliebling werden – wegen ihres aparten, gesunden Laubs und den überzeugenden Blüten, auch wenn sie nur ein paar Wochen im Frühsommer blüht. Der Kaukasus-Storchschnabel will es sonnig. Somit passt er gut in Stein- und Steppengärten. Man kann ihn solitär, aber auch flächig verwenden: hübsch im Vordergrund, an heißen Problemstandorten oder neben Belagsflächen. Bestens auch für Trogbepflanzungen geeignet.
Klimacheck Eine Staude fürs Extreme: heiß und trocken, durchlässige Böden, und im Winter Frost – alles kein Problem.

BLAUSTRAHLHAFER
— *Helictotrichon sempervirens* 'Saphirsprudel'

Wuchs 40 bis 90 cm, mächtige, halbkugelförmig überhängende Blatthorste.
Blüte & Laub Lange, zarte, silbrige Blütenrispen, Juli bis August. Stahlblaue Blattfarbe.
Im Garten Diese aparte Selektion der aus den Südwest-Alpen stammenden Ursprungsart macht sich wunderbar solitär in Steppenanlagen oder in mediterranen Pflanzungen mit Lavendel. Hier strahlt der Blaustrahlhafer eine gewisse Kühle aus. Er passt auch gut zu *Sedum*-Arten oder dem Blauen Strandflieder. Blaustrahlhafer möchte einen sonnigen Standort und der Boden muss durchlässig sein.
Klimacheck Ihm kann es gar nicht zu trocken und heiß sein, er steckt das gut weg. Winterstaunässe, nicht der Frost, macht ihm den Garaus.

TÜPFEL-JOHANNISKRAUT

— *Hypericum perforatum*

Wuchs 30 bis 70 cm, straff aufrechte und standstarke Stängel, horstbildend.
Blüte & Laub Goldgelbe Blütensterne, Juni bis August. Saftig-grüne Blätter mit ätherischem Öl.
Im Garten Fast jeder kennt diese wunderschöne Wildstaude, doch finden wir sie in der Natur immer weniger. Also holen wir sie in den Garten: Hier passt sie in naturhafte, sonnige Staudenbeete oder auch in Steppenpflanzungen. Johanniskraut wächst auf fast allen Böden – von wechselfeuchtfrisch bis sandig-trocken. Nebenbei zählt sie auch noch zu den wichtigen Heil- und Gewürzpflanzen, und unsere Insektenwelt liebt sie.
Klimacheck Heimische Staude, welche alles aushält, von Frost bis Dürre – solange sie in der Sonne steht.

BERG-LASERKRAUT

— *Laserpitium siler*

Wuchs 40 bis 100 cm, halbkugelig mit aufragenden Blütenständen, horstig.
Blüte & Laub Weißer Doldenblütler, Juli bis August. Dekorative graugrüne Blätter.
Im Garten Lange mussten Doldenblütler auf den Einzug in unsere Gärten warten. Mit dem heimischen Berg-Laserkraut können Akzente in trockene Stauden- oder Kiesbeete gesetzt werden. Aufgrund seiner Größe müssen wir ihm aber etwas Platz zugestehen. Es bevorzugt durchlässige Böden, von sonnig bis absonnig. Zunächst wächst es langsam, ist aber langlebig. In Kombination mit anderen heimischen Stauden wie blau blühendem Wiesen-Salbei wirken seine hellen Blüten stark.
Klimacheck Sehr robust gegenüber Kälte, Trockenheit und Hitze.

PURPUR-LEINKRAUT
— *Linaria purpurea*

Wuchs 40 bis 70 cm, straff aufrecht, horstig, oft kurzlebig.
Blüte & Laub Purpurviolett, klein, aber in Massen, Juli bis Oktober. Blaubereifte Blätter.
Im Garten Leinkraut kann im sonnigen oder halbschattigen Garten zu allem kombiniert werden. So passt es gut zu Stauden, zu denen es einen vertikalen Kontrast bildet, beispielsweise Knautien. Als Insektenmagnet setzt es später Samen an, wodurch es sich vagabundierend vermehrt. Das ist wichtig, da es nicht langlebig ist. Der Dauerblüher füllt Lücken, etabliert sich an Mauern oder im Kiesbeet. Er wächst in sandigen bis nährstoffreichen Böden.
Klimacheck Ohne Staunässe übersteht es Trockenheit, Frost und Hitze.

BLUT-WEIDERICH
— *Lythrum salicaria*

Wuchs 80 bis 120 cm, standstark, horstig.
Blüte & Laub Purpurrosa, an langen Rispen, Juni bis September. Herbstliche Blattfärbung.
Im Garten Der heimische Blut-Weiderich ist der absolute Renner, denn er kann mehr, als man ihm bisher zutraute. Er hat eine enorme Standortamplitude: So wächst er in normalen Gartenböden, verträgt aber auch einen nassen Fuß am Gartenteich – ja sogar durchlässige Substrate. Gestalterisch lässt er sich mit seinem aufrechten Wuchs in sonnigen Staudenbeeten, zu Rosen oder Präriepflanzungen verwenden.
Klimacheck Eine echte Zukunftsstaude, nur Sand oder Schatten mag sie nicht.
Sorte Neben der Wildart gibt es auch niedrigere Sorten wie die hellrosa blühende 'Blush'.

WEISSE MOSCHUS-MALVE

— *Malva moschata* Alba’

Wuchs 60 bis 80 cm, locker-aufrecht, horstig, schnellwüchsig, aber kurzlebig.
Blüte & Laub Reinweiß, Juli bis September.
Im Garten Diese weiße Variante der heimischen rosa blühenden Art passt sowohl ausgezeichnet zu trockenen Wildstaudenpflanzungen als auch in mediterrane Staudenbeete, z. B. mit Lavendel, aber auch zu Rosen. Sie benötigt unbedingt einen vollsonnigen Standort. Sie entwickelt sich sehr schnell und ist schon im ersten Jahr ein Hingucker. Sie ist zwar nicht langlebig, samt sich jedoch gut aus.
Klimacheck Eine robuste Staude, welche sowohl mit Frost als auch mit Hitze und Trockenheit ohne Probleme zurechtkommt. Der Boden darf normal bis durchlässig sein, Staunässe verträgt sie überhaupt nicht.

KLEINES PFEIFENGRAS

— *Molinia caerulea*

Wuchs 30 bis 70 cm, schöne, dichte Blatthorste.
Blüte & Laub Bräunlich, aufrechte Blütenrispen, August bis September, gelbe Herbstfärbung.
Im Garten Dieses heimische Gras wächst in vollsonniger bis halbschattiger Lage, möglichst auf frischem, leicht feuchtem Substrat, aber auch auf normalem Gartenboden. Da es einen kompakten Wuchs hat und nicht zu groß wird, lässt es sich gut mit halbhohen Beetstauden kombinieren. Es kann einzeln als Akzent oder auch flächig gesetzt werden. Seine prächtige Herbstfärbung ist ein Highlight für jeden Garten.
Klimacheck Passt die Bodenfeuchte, hält dieses Gras viel aus: starke Sonne und auch Frost.
Sorten ‘Dauerstrahl‘ hat etwas mehr Blüten als die reine Art, ‘Heidebraut‘ ist kleinwüchsiger.

KATZENMINZE
— *Nepeta × faassenii* 'Walkers Low'

Wuchs 70 bis 90 cm, locker, horstig, schnellwüchsig und alles andere als „low".
Blüte & Laub Blauviolett, Mai bis Juli, Nachblüte im September. Insektenmagnet. Blaubereifte, aromatische Blätter.
Im Garten Katzenminzen haben sich seit langer Zeit bewährt. Diese recht hohe Sorte lässt sich bestens kombinieren, solange der Standort sonnig ist. Sie ist gut standfest und ein lang anhaltender Dauerblüher. So kann man sie im Stauden- und Kiesbeet verwenden, sogar in einer Präriepflanzung. Der Boden sollte normal oder trocken sein. Schneidet man sie nach der Blüte, remontiert sie.
Klimacheck Sie ist frosthart, hitze- und trockenheitsverträglich. Nur schwere Böden und Schatten funktionieren bei ihr nicht.

BLUMEN-DOST
— *Origanum laevigatum* 'Herrenhausen'

Wuchs 40 bis 60 cm, lockerbuschig, aber dennoch recht standstark, horstig.
Blüte & Laub Altrosa mit dunklen Deckblättern, Juli bis September. Aromatisch duftend.
Im Garten Blumen-Dost bleibt im Gegensatz zum wilden Dost horstig und breitet sich nur langsam aus. Damit ist er gegenüber anderen Stauden nicht verdrängend und kann sehr gut in naturhafte Beete, Steppenbeete oder Steingärten integriert werden. Mit seiner dezenten Farbe passt er gut zu Gold-Flachs, Gräsern und vielen anderen Stauden – in Einzelstellung oder in größeren Tuffs. Er benötigt Sonne und einen durchlässigen, nicht zu nährstoffreichen Boden.
Klimacheck Stimmt der Standort, überlebt er problemlos Frost, Hitze und Trockenheit.

BALKAN-PFINGSTROSE
— *Paeonia peregrina*

Wuchs 60 bis 70 cm, langsamwüchsig, aber sehr langlebig, horstig.
Blüte & Laub Rote, ungefüllte Blüten mit gelben Staubbeuteln, Mai bis Juni. Dunkelgrünes Blatt.
Im Garten Diese vom Balkan stammende Wildart erfreut mit ihren ungefüllten Blüten Insekten und trotzt in Regenphasen Blütenfäulnis. Ihre Standortamplitude reicht von sonnig bis halbschattig und von trockenen bis frischen Böden. Damit passt diese Pfingstrose gut in Freiflächen und an den sonnigen Gehölzrand. Da sie nach der Blüte einzieht, sollte sie mit anderen Stauden kombiniert werden. Im Frühling mit Kompost und organischem Dünger versorgen.
Klimacheck Sehr anpassungs- und widerstandsfähig: verträgt Trockenheit und Frost.

STRAFFE RUTEN-HIRSE
— *Panicum virgatum* 'Strictum'

Wuchs 150 bis 180 cm, aufrecht, horstig.
Blüte & Laub Lockere, hirseartige Blütenrispen, August bis September. Gelbe Herbstfärbung.
Im Garten Diese sehr hohe Ruten-Hirse mit ihren zarten Blütenständen eignet sich gut in Kombination mit dominanten Stauden, als Sichtschutz oder Gräserhecke. Sie möchte in der Sonne stehen, in normalem bis humosen Gartenboden. Im Frühling treibt sie eher spät aus und erreicht im Sommer ihre volle Schönheit. Auf keinen Fall im Herbst abschneiden, denn sie ziert den ganzen Winter über in Goldgelb.
Klimacheck Das tiefwurzelnde Präriegras übersteht auch längere Trockenheit und Frost.
Weitere Sorte 'Northwind' wächst noch etwas höher und straffer.

QUIRLBLÜTIGER SALBEI
— *Salvia verticillata* 'Purple Rain'

Wuchs 30 bis 60 cm, halbkugelig mit aufragenden Blütenständen, nicht verdrängend, horstig.
Blüte & Laub Purpurviolett, Juli bis September. Große, herzförmige Blätter.
Im Garten Es gibt viele gartenwürdige Salbeiarten und -sorten, doch diese Sorte ist Programm: Unzählige, nickende Blütenquirle erfreuen fast den ganze Sommer. Da sie einen durchlässigen Boden in der Sonne mag, findet sie Verwendung zu mediterranen Arten oder im Kiesgarten. Auch humose Substrate werden toleriert. Besonders schön wirkt sie, wenn sie immer wieder rhythmisch zwischen anderen Stauden auftaucht.
Klimacheck Diese winterharte südosteuropäische Salbei-Art erduldet Hitze, zeitweilige Trockenheit und tiefe Temperaturen.

SILBER-ÄHRENGRAS
— *Stipa calamagrostis* 'Algäu'

Wuchs 50 bis 80 cm, locker-prächtige Horste.
Blüte & Laub Ocker-golden, leicht überhängend, Juni bis Oktober. Gelbe Herbstfärbung.
Im Garten Dieser auffällige Dauerblüher spielt in einer Pflanzung die Hauptrolle. Mit 60 cm Durchmesser darf man seinen Platzbedarf nicht unterschätzen. Da dieses Gras trockene, durchlässige Standorte in der Sonne bevorzugt, passt es gut als Solitär in den Kiesgarten oder in Gruppen locker eingestreut zu Stauden mit Wildcharakter wie Acker-Witwenblume, Bergminze und Wiesen-Salbei. Die nickenden Blütenähren bleiben bis weit in den Winter attraktiv.
Klimacheck Das im südlichen Mitteleuropa beheimatete Gras bringt alle Vorzüge für trockenheiße Standorte mit. Zudem ist es sehr frosthart.

RAINFARN
— *Tanacetum vulgare* 'Isla Gold'

Wuchs 80 bis 90 cm, breitet sich leicht durch kurze Ausläufer aus, gut standstark.
Blüte & Laub Gelb, Juli bis September. Im Austrieb gelbgrüne Blätter.
Im Garten Diese Sorte der heimischen Staude ist nicht so ausbreitungswütig und hoch wie die Wildart. Somit kann sie gut in naturnahen Staudenpflanzungen oder am sonnigen Gehölzrand verwendet werden. Ihr leuchtend hellgrünes Laub und die langanhaltende Blüte machen sie gartenwürdig. Schön in Kombination mit Blut-Weiderich und hohen Gräsern. Rainfarn möchte einen vollsonnigen Standort, der Boden kann von mäßig trocken bis frisch sein.
Klimacheck Rainfarn akzeptiert zeitweilige Trockenheit und ist absolut frosthart.

PURPUR-KLEE
— *Trifolium rubens*

Wuchs Bis zu 60 cm, aufrecht und buschartig, horstig.
Blüte & Laub Purpurrote Blütenstände, Mai bis Juli. Früher Blattaustrieb.
Im Garten Dieser schöne Klee wird nie lastig, da er ohne Ausläufer wächst. Dank seines mittelgroßen Wuchses und der langen Blütezeit passt er zu Gräsern wie Federgras oder Wildstauden wie Knäuel-Glockenblume. Da er auch normalen Gartenboden in der Sonne verträgt, funktioniert er gut in Präriebeeten mit Purpur-Sonnenhut.
Klimacheck Der frostharte Purpur-Klee ist, was den Boden anbelangt sehr anpassungsfähig: von frisch bis trocken wird alles akzeptiert, Hauptsache nährstoffreich. Im Halbschatten hält er auch zeitweilige Trockenheit aus.

SPALTEN- & SCHOTTER-VEGETATION

Es gibt Standorte, wo man niemals erwarten würde, dass da überhaupt irgendetwas wachsen könnte, wie in engen Ritzen, zwischen Pflastersteinen oder auf reinem Kies. Und doch: Überall ist Leben, solange der Mensch nicht eingreift.

ERST MAL UMDENKEN

Werfen wir den jahrzehntelangen „Sauberkeitswahn" in den Gärten über Bord, erinnern wir uns an schöne Urlaubsbilder mit üppiger Vegetation und lassen bei uns vor der Haustür „Natur" zu. Hier geht es um gestalterische Übergänge zwischen Pflanzflächen und festen Materialien wie einer Mauer oder einem Belag. Durch gezieltes Einbauen von Lücken oder Ritzen können sich hier wunderschöne, besondere Pflanzen ansiedeln, eine sogenannte Spaltenvegetation. Dazu müssen wir Wildarten verwenden, welche sich auf ihre eigene Art und Weise vermehren. Und einen wunderbaren Nebeneffekt haben sie zudem: Sie nutzen der Tierwelt.

VERSIEGELUNG REDUZIEREN

Wenn wir vom Klimawandel reden, denken wir zwischenzeitlich nicht mehr nur an extreme Dürre, sondern auch an temporär hohe Niederschläge. Dies bedeutet zugleich, dass wir in unseren Gärten den Versieglungsgrad drastisch reduzieren sollten: Schotterbeläge, statt monotone Pflasterflächen vor Garagenzufahrten, Fugenpflaster statt Asphalt. Gleichzeitig können diese sickerfähigen Flächen teils mit trittfesten Stauden (siehe S. 64/65) oder in ungenutzten Randbereichen attraktiv und bunt bepflanzt werden. Dadurch werden die Flächen zudem unterbrochen und wirken kleiner. Voraussetzung ist, dass wir Spontanvegetation zulassen.

BESONDERE STANDORTE – BESONDERE PFLANZEN

Um solche sogenannte Spaltenvegetation an noch so unwirtlichen Orten wie Mauerritzen erfolgreich anzusiedeln, müssen diese mit den richtigen Überlebensrezepten ausgestattet sein. Und die haben sie. So unglaublich es klingt: Letztendlich suchen sie sich ihren Standort selbst. Dafür reicht es aus, Stauden initial zu pflanzen, und dann geht's los. Mithilfe unterschiedlichster Vermehrungs- und Überlebensstrategien, von Versamung bis hin zu Ausläufern, von tief reichenden Wurzeln bis zu dickfleischigen Blättern, besiedeln sie genau die Bereiche, die ihnen behagen. Und so wird es ganz von selbst grüner und bunter, ohne dass wir viel Aufwand betreiben müssen. Lediglich die passenden Pflanzen auswählen, etwas Geduld und Toleranz mitbringen.

So bunt und abwechslungsreich können Gartenwege sein.

ROTE SPORNBLUME
— *Centranthus ruber* var. *coccineus*

Wuchs 60 cm, horstig; kurzlebiger, aber gut versamender Gartenvagabund.
Blüte & Laub Karminrot, variabel, Dauerblüher von Juni bis Oktober. Wintergrünes Laub.
Im Garten Wer Rottöne mag und einen durchlässigen Boden in voller Sonne hat, der sollte diese Staude ausprobieren. Sie passt perfekt in den Gravel Garden oder in Randbereiche von Kieswegen. Im Lauf der Zeit sucht sie sich ihren Platz sowieso selbst: Mal kommt sie direkt aus einer Pflasterfuge, mal aus einer Mauerspalte. Egal wo, ein Hingucker ist sie überall.
Klimacheck Dieser mediterrane Tiefwurzler ist bei uns absolut robust: tolerant gegenüber Hitze und Trockenheit. Kahlfröste überlebt er meist gut, nur Staunässe verträgt er nicht.

MAUER-ZIMBELKRAUT
— *Cymbalaria muralis*

Wuchs 5 bis 10 cm, ausbreitungsfreudige Polsterpflanze, starke Selbstaussaat.
Blüte & Laub Hellviolett, Dauerblüher von Juni bis Oktober. Graziles, wintergrünes Laub.
Im Garten Es steckt schon fast in seinem Namen, wo das heimische Mauer-Zimbelkraut zu finden ist: in Mauerritzen. Hier wird es sich mit seinen Ausläufern nach und nach ausbreiten. Und dabei ist es nicht zimperlich: Es wächst sowohl an sonnigen bis schattigen Plätzen. Sinnvoll ist es, das Zimbelkraut initial zu pflanzen. Bei zusagendem Standort versamt es sich gut und sucht sich neue Wuchsorte. Man kann es auch als Ampelpflanze verwenden.
Klimacheck Das Zimbelkraut ist frosthart, allerdings sollte sein Wuchsort frisch-feucht sein.

SPANISCHES GÄNSEBLÜMCHEN
— *Erigeron karvinskianus* 'Blütenmeer'

Wuchs 20 bis 30 cm, dichte Matten bildend, kurzlebig, dafür gut versamend.
Blüte & Laub Weißrosa, Dauerblüher von Juni bis Oktober. Grazile, wintergrüne Blätter.
Im Garten Dieses Gänseblümchen ist allzu schön. Egal, ob es neben einem Weg oder an einer Treppe wächst. Wenn es sich mit seinem tuffigen Wuchs ausbreitet, hat es einen besonderen Charme. Am besten setzt man eine Pflanze an einen sonnigen, geschützten Platz in normalen Gartenboden und hofft, dass es sich versamt. Einmal im Garten etabliert, wird man es nicht mehr los.
Klimacheck Diese Staude verträgt bis zu einem gewissen Maße Frost. In milden Gegenden funktioniert sie deshalb schon lange.

FELSENNELKE
— *Petrorhagia saxifraga*

Wuchs 20 cm, lockere zierliche Matten bildend, etwas versamend.
Blüte & Laub Zartrosa, Juni bis August. Nadelartige Blätter.
Im Garten Die Felsennelke zählt mit ihren zarten Blüten sicher zu einer der hübschesten heimischen Pflanzen. Sie wirkt ähnlich wie Schleierkraut, ist aber ein Nelkengewächs. Am liebsten mag sie extreme Standorte, sehr sonnig und heiß. Sie wünscht einen durchlässigen und schottrigen, aber kalkhaltigen Boden. Damit passt sie hervorragend in Steingärten, auf Mauerkronen oder zwischen sporadisch genutzte Trittplatten. Auch bei der Dachbegrünung findet sie Einsatz.
Klimacheck Sonne, Hitze, Trockenheit, Frost – all das hält die Felsennelke aus.

GELBER LERCHENSPORN
— *Pseudofumaria lutea* (Syn. *Corydalis lutea*)

Wuchs 25 bis 35 cm, horstig, gut versamend.
Blüte & Laub Dunkelgelb, Dauerblüher von Mai bis Oktober. Wintergrünes, zartes Laub.
Im Garten Diese Staude gehört zu den Gewächsen, welche man an den verrücktesten Plätzen bestaunen kann. Der Lerchensporn besiedelt nämlich kleinste Ritzen, engste Spalten, und das sowohl in der Sonne als auch im Schatten. Dazu müssen nur ein paar Pflanzen initial gesetzt werden, damit Ameisen (!) die Samen verbreiten. Man kann diesen Dauerblüher gar nicht oft genug empfehlen. Einen Wermutstropfen gibt es: Leider finden Schnecken sein Blatt auch ganz entzückend.
Klimacheck Diese sehr anpassungsfähig Staude verträgt alles – außer einen nassen Fuß.

STRAUCH-STEINBRECH
— *Saxifraga cotyledon* 'Southside Seedling'

Wuchs 15 bis 20 cm, Polster bildend, horstig, starkwüchsig.
Blüte & Laub Weiß mit rosa Punkten, an langen Stielen, Mai bis Juli. Immergrüne Rosetten.
Im Garten Schon ohne Blüte ziert der Strauch-Steinbrech: Durch die stete Neubildung entstehen ansehnliche Polster. Schieben dann noch seine Blüten, kann man von einer perfekten Steingartenpflanze sprechen. Denn am liebsten wächst sie in Fugen an eher kalkarmem Plätzen. Steinbrech-Arten wurzeln leicht an, man muss sie nur in Ritzen „stopfen", etwas Boden dazugeben.
Klimacheck Diese perfekte Zukunftspflanze ist frosthart und verträgt sowohl trockenen als auch frischen Boden an sonnigen bis halbschattigen Plätzen.

GEOPHYTEN

Zwiebelpflanzen und andere Geophyten bereichern den Frühlingsgarten und das hochsommerliche, ja sogar herbstliche Staudenbeet. Viele zeigen ihre farbprächtigen Blüten nur recht kurz, dafür aber intensiv. Wenn wir sie im Spätsommer oder Herbst pflanzen, sollten wir mit der Stückzahl nicht sparen. Erst in der Masse wirken sie.

AUFTAKT INS GARTENJAHR

Viele Geophyten sind beliebte Frühlingsboten. Wenn die ersten Schneeglöckchen zu blühen beginnen, wissen wir: Nun ist der Winter vorbei. Die Blüten sind aber zugleich ein wichtiger Start ins Insektenjahr. Man sieht die ersten Schmetterlinge oder Hummeln sich an ihnen laben. Verwenden wir insektentaugliche Wildformen, dann haben wir gute Chancen, dass sich unsere Frühjahrsblüher gut vermehren. Die meisten dieser Arten stammen aus frühjahrssonnigen Laubwäldern. Damit ist allen gemein, dass sie eher etwas nährstoffreichere, aber durchlässige Böden und während der Blütezeit Sonne mögen. Später vergilben die Blätter, die Nährstoffe werden in die Zwiebeln verlagert. Wenn die Gartensituation im Sommer vollschattig wird, macht das den inzwischen Zurückgezogenen nichts mehr aus. Gleiches gilt auch für Frost.

Frühlingsboten im Allwettergarten: Krokus, Schneeglöcken und Winterling vermehren sich bestens.

SOMMERLICHER ZIERLAUCH

Ab dem späteren Frühjahr bis weit über den Sommer erstreckt sich die Hochzeit von Zierlauch *(Allium)*. Damit ergänzt er Stauden- und Gräserpflanzungen oder füllt „Blühlöcher", wenn andere Pflanzen schon verblüht sind. Fast alle *Allium*-Arten wachsen in der Natur auf trockenen, durchlässigen Böden. So finden wir den Kugelköpfigen Lauch an vollsonnigen, extrem steinigen Standorten an der kroatischen Küste. Das zeigt an, was er braucht, damit seine Zwiebeln nicht faulen. Aber wie übersteht er die Hitze und Trockenheit im Sommer? Die Strategie von Geophyten besteht darin, dass sie nach ihrer kurzen, aber intensiven Wachstums- und Blühphase ihre gesamte Energie wieder zurück in ihre Zwiebeln oder andere Speicherorgane ziehen.

HERBSTLICHE SPÄTZÜNDER

Auch der Herbst trumpft nochmals mit ein paar spannenden Blühern auf wie im Herbst blühende Krokusse. Schön ist auch das Efeublättrige Alpenveilchen. So wie sommerblühende Zwiebeln in die Gärten kamen und nun selbstverständlich sind, beginnen wir jetzt, mehr mit den herbstblühenden Arten zu gestalten.

BALKAN-WINDRÖSCHEN
— *Anemone blanda* 'Blue Shades'

Wuchs 15 cm, locker, bildet flächige Bestände.
Blüte & Laub Tiefblau, März bis April. Dunkelgrüne Blattkissen, später einziehend.
Im Garten Ähnlich wie das heimische Buschwindröschen bildet diese aus dem Balkan stammende Art im Lauf der Zeit wunderschöne Blütenteppiche durch Versamung. Da es gern humos steht, eignet es sich bestens unter Gehölzen als Vorbote zwischen später austreibenden Stauden. Es mag den Halbschatten, verträgt aber genauso die Sonne. Sogar Trockenheit macht ihm nichts aus, damit passt es auch in den Steingarten. Knollen im Herbst setzen.
Klimacheck Frostharter Geophyt mit weiter Standortamplitude.
Sorten Es gibt auch Sorten in Rosa oder Weiß.

ELFEN-KROKUS
— *Crocus tommasinianus* 'Ruby Giant'

Wuchs 10 cm, bildet flächige Bestände.
Blüte & Laub Purpurlila mit orangefarbenen Griffeln, Februar bis März. Laub zieht später ein.
Im Garten Einer der schönsten und frühesten Krokusse überhaupt. Die Sorte ist im Gegensatz zur Ursprungsart dunkler und kräftiger in der Blütenfarbe, alle anderen Vorzüge der Wildform hat sie behalten: robust, insektenfreundlich und gut zu vermehren. Je nach Witterung blüht der Elfen-Krokus sehr lange. Lediglich später Nassschnee setzt ihm zu, dann knicken leider die Blüten um. Am schönsten entwickelt er sich in einer Wiese oder am sonnigen Gehölzrand. Zwiebeln im Herbst setzen.
Klimacheck Ein unkomplizierter Krokus für normale oder trockene Böden.

HERBST-ALPENVEILCHEN
— *Cyclamen hederifolium*

Wuchs 10 bis 15 cm, bildet große Tuffs.
Blüte & Laub Rosa, August bis Oktober. Dunkelgrün, wintergrün.
Im Garten *Cyclamen* finden immer mehr Liebhaber. Diese ungewöhnlich im Herbst blühende Art hat so viele Vorzüge, dass sie in (fast) keinem Garten fehlen sollte. Das Wichtigste ist natürlich die Blütezeit, dazu kommen noch die sehr attraktiven efeuartigen Blätter, welche es noch vor dem Winter schiebt. Diese zieren die Beete als wichtige Struktur bis weit ins Frühjahr. *Cyclamen* lassen sich schön in Schatten- und Halbschattenbeete oder im Gehölzrand integrieren. Die Knollen werden im Frühling gesetzt.
Klimacheck Von trockenem bis frischem Boden geht alles, nur keine Sonne. Gut frostverträglich.

SPANISCHES HASENGLÖCKCHEN
— *Hyacinthoides hispanica*

Wuchs 30 bis 40 cm, aufrecht, standstark, gute Vermehrung.
Blüte & Laub Blau, April bis Mai. Frischgrüne, längliche Blätter.
Im Garten Das Spanische Hasenglöckchen verträgt keine Trockenheit. Es möchte im lichten Halbschatten stehen, auf feuchtem bis frischem Boden. Hier ist es unverwüstlich, konkurrenzstark und vermehrt sich gut. Schön wirkt es in waldartigen Situationen und unter Sträuchern, wo es mit seinem einmaligen Blau herausleuchtet. Das Laub zieht später ein, weshalb man es mit Stauden wie dem Kaukasusvergissmeinicht kombiniert. Zwiebeln im Herbst setzen.
Klimacheck Frostharter, für feuchte bis sogar nasse Standorte geeigneter Geophyt.

WILDE TROMPETEN-NARZISSE
— *Narcissus pseudonarcissus*

Wuchs 20 bis 30 cm, aufrecht, standstark, im Lauf der Zeit Vermehrung durch Samen.
Blüte & Laub Hellgelb bis reingelb, März bis April. Leicht blaubereifte, längliche Blätter.
Im Garten Osterglocken sind Frühlingsboten per se, doch überleben hochgezüchtete Formen oft nicht sehr lange. Anders diese eher niedrige Ursprungsart: Sie ist ausgesprochen anpassungsfähig, wächst im frischen oder auch leicht trockenen Boden, sogar auf nicht ganz so durchlässigen Substraten. Nur sonnig sollte es sein. Schön in Wiesen. Nach der Blüte Fruchtstände zur Versamung ausreifen lassen, dann bilden sich mit der Zeit großflächige Bestände.
Klimacheck Trockenheit und Feuchtigkeit vertragen nicht viele Zwiebelblumen – sie tut es.

ZIERLAUCH-ARTEN

Das *Allium*-Spektrum ist groß. Dank des meist eintriebigen Wuchses kann Zierlauch wunderbar zwischen Stauden eingewoben werden. Wichtig ist, dass der Standort passt. Fast alle Arten benötigen Sonne und einen durchlässigen Boden, dann sind sie auch klimatauglich.

PFLANZE	BLÜTE	WUCHS	BODEN
GRANAT-KUGELLAUCH *Allium atropurpureum*	dunkelweinrot, größere Halbkugeln VI–VII	80 cm hoch	mäßig nährstoffreich bis trocken
ENZIAN-LAUCH *Allium caeruleum*	himmelblau, 4 cm große Halbkugeln VI–VII	40 cm hoch, gut verwildernd	mäßig nährstoffreich bis trocken
SOMMER-LAUCH *Allium*-Hybride 'Millenium'	pinkviolett, 4 cm große Kugeln VII–IX	40 cm hoch, schönes Laub	frisch bis trocken, durchlässig
GOLD-LAUCH *Allium moly*	goldgelb, locker, doldenförmig VI–VII	35 cm hoch, versamend, breite Blätter	frisch bis trocken, durchlässig
KUGELKÖPFIGER LAUCH *Allium sphaerocephalon*	Purpurrot, 5 cm, eiförmig VII	60 cm hoch, Blatt unscheinbar	trocken bis normal, durchlässig

SERVICE

ZUM WEITERLESEN

Heß, Thomas: **Nur die Harten bleiben im Garten.** Starke Pflanzen für extremes Wetter. Kosmos

Kern, Simone: **Wilde Kübel** – unkompliziert, naturnah, insektenfreundlich. Kosmos

Richard, Peter: **Pflanzenkompositionen für den Naturgarten** – Pflanzenauswahl und Inspirationen für das ganze Jahr. Haupt

Spohn, Margot: **Was blüht denn da?** Kosmos

Steiger, Peter: **Heimische Wildstauden im Garten** – Attraktiv und naturnah gestalten. Ulmer

Witt, Reinhard: **Nachhaltige Pflanzungen und Ansaaten** – Jahrzehnte erfolgreich gärtnern. Dr. Reinhard Witt

Witt, Reinhard: **Naturnahe Rosen.** Band I + II. Dr. Reinhard Witt

Wymann, Richard: **Gärtnern mit Sonne, Wind und Wetter.** Planung, Anbau und Pflege im Klimawandel. Haupt

NÜTZLICHE ADRESSEN

ORGANISATIONEN, VEREINE UND VERBÄNDE

www.bluehende-landschaft.de
www.bund.net
www.kommbio.de
www.nabu.de
www.natur-im-vvw.de
www.naturgarten.org
www.ufz.de
www.wwf.de
→ Artikel über Biodiversität und Klimawandel: www.wwf.de/fileadmin/fm-wwf/Publikationen-PDF/WWF-Report-Artenschutz-in-Zeiten-des-Klimawandels.pdf

GÄRTNEREIEN UND ONLINE-SHOPS FÜR PFLANZEN UND SAATGUT

www.albrechthoch-shop.de
→ Blumenzwiebeln

www.allgäu-stauden.de
→ Bioland-Betrieb für Stauden, Kräuter, Gräser, Farne, Bio-Rosen, Nutzgarten, Blumenzwiebeln, Gehölze

www.arche-noah.at / www.shop.arche-noah.at
→ Gesellschaft für die Erhaltung der Kulturpflanzenvielfalt und ihre Entwicklung, Schaugarten, Bio-Saatgut (Gemüse, Kräuter, Getreide, Blumen) und Blumenzwiebeln

www.bamberger-staudengarten.de
→ Stauden, Kräuter, Gräser, Farne, Gehölze, Wasserpflanzen

www.die-staudengaertnerei.de
→ Stauden, Gräser, Zwiebeln und Knollen

www.gaertnerei-strickler.de
→ Einheimische Wildstauden, Wildsamen, Wildsträucher

www.gaissmayer.de
→ Stauden, Kräuter, Gräser, Farne

www.gewiehs-blumenzwiebeln.de
→ Blumenzwiebeln und Saatgut

www.graefin-von-zeppelin.de
→ Blumenzwiebeln, Stauden, Kräuter, Gräser, Farne, Rosen, Gehölze

www.haeussermann.com/gartencenter-campoverde/
→ Gartencenter zwischen Stuttgart und Ludwigsburg, Online-Shop: Stauden, Kräuter, Gehölze, Hecken, Beet- und Balkonpflanzen

www.hof-berggarten.de
→ Wildkräuter, Stauden und Samenmischungen für Blumenwiesen und Naturgärten

www.naturgartenvielfalt.de
→ Wildpflanzensaatgut und Mischungen für Wiesen, Rasen und Säume

www.rieger-hofmann.de
→ Samen und Pflanzen gebietseigener Wildblumen und Wildgräser aus gesicherten Herkünften

www.rosenschule.de
→ Bioland-Rosengärtnerei: Rosen, Kräuter, Stauden, Clematis, Seminare

www.sarastro-stauden.com
→ Winterharte Blütenstauden, Alpenpflanzen, botanische Seltenheiten

www.stauden-augustin.de

→ Stauden, Bambus, Zubehör

www.stauden-kopf.at

→ Bio-Gärtnerei in Vorarlberg: Stauden, Kräuter, Gräser, Farne, Wasserpflanzen, Einjährige, Rosen, Gehölze, Schling- und Kletterpflanzen, Beerenobst

www.staudenspatz.de

→ Bioland-Gärtnerei in Oberbayern mit über 3000 Arten und Sorten winterharter Stauden

www.gaertnerei-strickler.de

→ Spezialgärtnerei für Wildpflanzen: Stauden, Kräuter, Rosen, Zier- und Obstgehölze, Farne, Gräser, Blumenzwiebeln, Wasserpflanzen, Pflanzen für Dachbegrünungen, Saatgut für Wiesen und Säume

www.syringa-pflanzen.de

→ Duftpflanzen, Kräuter, Blumenzwiebeln und Samen, Kräutergärtnerei mit Schaugarten bei Singen

REGISTER

Hervorgehobene Seitenzahlen verweisen auf Abbildungen.

A

B

C

BILDNACHWEIS

Mit 163 Farbfotos von
Adobe Stock (13): /GEXIAOTONG: 9 re.; /Iva; 19 re.; /Karin Jaehne: 105 o.; /NAZANIN ESFANDIYARPOUR: 23 u.; /Robert Poorten: 11 u.; /Stephane Bidouze: 9 li.; /tutye: 6/7, 109 o.; /Uwalthie Pic Project: 19 li.; /Vadim: 93; /VasVorMich: 15 o.; /yrabota: 18; **Christopher Buhr (1):** 46; **Andrea Christmann (4):** 104 u.; 109 u.; 110 u., 114 o.; **Angelika Eppel-Hotz (1):** 35; **Flora Press (18):** /Annette Lepple: 71 li.; /Bildagentur Beck: 97 u.; /Evi Pelzer: 70 li.; /FocusOnGarden/Jürgen Becker 54 re.: /gartenfoto.at: 33 o., 34; /JS Sira: 91 u.; /Karin Goldbach: 33 u.re.; /Kubacsi: 111 o.; /Martin Hughes-Jones: 88 o., 107 o.; /Perry Mastrovito: 15 Mi.; /Sibylle Pietrek: 16; /Ursel Borstell: 77 li., 77 u.re.; /Visions: 71 re., 87 o., 91 o.; **flowermedia (16):** /Dirk Mann: 95 o., 95 u., 96 o., 96 u., 98 o., 99 o., 99 u., 102 o, 105 u., 106 u., 108 u., 111 u., 113 o., 115 o., 118 o., 118 u.; **GAP Photos (20):** 41; /Abigail Rex: 51 Mi.re.; /Andrea Jones: 28 Mi, 45 u.; /Annie Green-Armytage (Designer: Jo Thompson): 79 u.; /Clive Nichols: 55 li.; /Dave Bevan: 54 li.; /Howard Rice: 55 re.; /Janet Johnson: 76 re.; /John Glover: 102 u.; /Juliette Wade: 65 u.li.; /Marc Bolton: 116; /Maxine Adcock: 28 o.; /Nova Photo Graphik: 60 o.re.; /Richard Bloom: 117 o.; /Thomas Alamy: 29 (alle 3); /Tim Gainey; 65 u.re., 115 u.; **Naturfoto Hecker (6):** /Frank Hecker: 87 u., 88 u., 89 u., 90 u., 92 u., 113 u.; **Simone Kern (10):** 38, 45 o., 65 o.li., 75, 76 li., 100, 110 u., 112, 117 u., 119; **Marianne Majerus Garden Images (1):** /Marianne Majerus (Design: Nigel Dunnett) 58; **Mauritius Images (25):** Alamy Stock Photos/Alan Gregg: 98 u.; Alamy Stock Photos/blickwinkel/F. Hecker: 70 re.; Alamy Stock Photos/blickwinkel/F. Teigler: 114 u.; Alamy Stock Photos/David Chapman: 106 o.; Alamy Stock Photos/Emmanuel LATTES: 28 u.; Alamy Stock Photos/Frank Hecker: 20 Mi.; Alamy Stock Photos/John Woodworth: 21; Alamy Stock Photos/Julia Gavin: 11 o.; Alamy Stock Photos/manfredrf: 40; Alamy Stock Photos/Müller/McPhoto: 103 u.; Alamy Stock Photos/Sanja Radosavljevic: 97 o.; Alamy Stock Photos/Steffen Hauser/botanikfoto: 103 o., 104 o.; Alamy Stock Photos/Tim Gainey: 101 o., Alamy Stock Photos/Tracy Immordino: 108 o.; Garden World Images/GWI/Debbie Jolliff: 90 o.; Garden World Images/John Martin: 107 u.; Garden World Images/Steffen Hauser: 92 o.; Garden World Images/Trevor Sims: 20 u.; imageBROKER/Martin Siepmann: 89 o.; Julia Thymia: 77 o.re.; Peter Weimann: 12; Pitopia/Brigitte Deus-Neumann: 12/13; Pitopia/Sönke Henning Tappe: 20 o.; Pitopia/Wolfgang Heidasch: 13; **Ulrike Romeis (6):** 42/43, 57 re., 69, 80, 82, 101 u., **Gartenbildagentur Friedrich Strauss (1):** /Lauermann, Andreas; 52; **Annette Timmermann (41):** 2/3, 4, 17, 23 o., 24/25, 27, 33 u.li., 33 Mi.re., 37 o., 37 Mi., 37 u., 47 Mi., 47 u.re., 48, 51 o., 51 Mi.li., 51 u. , 53 o., 53 u., 56, 60 li., 60 o.re., 60 u.re., 62, 63 o.re., 63 u.li., 63 u.re., 66, 67 o., 67 u., 68 li., 68 re., 72, 73, 74, 79 o., 83, 84/85, 86, 94, 128.

Mit 12 Illustrationen von **Deutscher Wetterdienst (www.dwd.de) (1).** 10, **Simone Kern (9):** 27,30, 35, 49 (beide), 59 (beide), 81 (beide); **Kosmos (2):** /Annette Wrobel (Datengrundlage: Helmholtz-Gemeinschaft):14 (beide).

IMPRESSUM

Umschlaggestaltung von Gramisci Editorialdesign/Isabelle Fischer unter Verwendung von 2 Farbfotos von Flora Press/Joanna Kossak (Umschlagvorderseite) und Adobe Stock/davidgater74 (Umschlagrückseite) sowie 18 Farbfotos auf den Klappen: **Adobe Stock (2):** /Cynthia: Innenklappe hinten Mi. 2.v.li.; /Peter Pfau/prog-arten: Innenklappe hinten Mi. 3.v.li.; **Flora Press (3):** /Angelica Linnhoff: Innenklappe hinten u. 3. v.li.; /Sibylle Pietrek: Innenklappe hinten u. 4. v.li.; /Ute Klaphake: Innenklappe hinten Mi. 5. v.li.; **Flowermedia (1):** /Dirk Mann: Außenklappe vorn; **GAP Photos (1):** /Mark Turner: Innenklappe hinten Mi. 4. v.li.; **Simone Kern (1):** /privat: Außenklappe vorn; **mauritius images (10):** /Alamy Stock Photos/Alan Gregg: Innenklappe hinten u. 1.v.li.; /Alamy Stock Photos/Hanjo Hellmann: Innenklappe hinten u. 2. v.li.; /Alamy Stock Photos/Yon Marsh Pipdesigns: Innenklappe vorn re.; /Garden World Images/Liz Cole: Innenklappe vorn Mi.; /imageBROKER: Innenklappe hinten Mi. 1. v.li.; /McPHOTO/Hans-Roland Müller: Innenklappe vorn re.o.; /Nadja Jacke: Innenklappe vorn li.u.; /nature picture library/Adrian Davies: Innenklappe vorn u.Mi.: /Pitopia/Brigitte Deus-Neumann: Innenklappe hinten u. 5. v.li.; /Pitopia/emer: Innenklappe vorn li.Mi.

Mit 183 Farbfotos und 12 Farbzeichnungen.

Alle Angaben in diesem Buch sind sorgfältig geprüft und geben den neuesten Wissensstand bei der Veröffentlichung wieder. Da sich das Wissen aber laufend in rascher Folge weiterentwickelt und vergrößert, muss jeder Anwender und jede Anwenderin prüfen, ob die Angaben nicht durch neuere Erkenntnisse überholt sind. Dazu müssen zum Beispiel Beipackzettel zu Dünge-, Pflanzenschutz- bzw. Pflanzenpflegemitteln gelesen und genau befolgt sowie Gebrauchsanweisungen und Gesetze beachtet werden. Die Blütenfarben sind sortenabhängig, daher können auch Farben auf dem Markt sein, die im Buch nicht genannt werden. Die Blütezeiten sind ebenfalls sortenabhängig, aber auch klima- und standortabhängig. Die angegebenen Wuchshöhen und -breiten der Pflanzen sind Mittelwerte. Sie können je nach Nährstoffgehalt des Bodens variieren. Verschiedene Sorten können deutlich größer oder auch kleiner wachsen als die Art.

Unser gesamtes Programm finden Sie unter **kosmos.de.**
Über Neuigkeiten informieren Sie regelmäßig unsere Newsletter, einfach anmelden unter **kosmos.de/newsletter**

Gedruckt auf umweltfreundlichem Papier,
klimaneutral hergestellt.

print 4 climate
klimapositiv gedruckt

Gedruckt nach der Richtlinie „Druckerzeugnisse" des Österreichischen Umweltzeichens. gugler*print, Melk, UWZ-Nr. 609, www.gugler.at

PurePrint®
innovated by gugler* DruckSinn
Gesund. Rückstandsfrei. Klimapositiv.
drucksinn.at

ISBN 978-3-440-17656-6

Projektleitung: Carolin Küßner
Redaktion: Carolin Küßner
Bildredaktion: Carolin Küßner
Gestaltungskonzept: Peter Schmidt Group GmbH, Hamburg
Gestaltung und Satz: Katrin Kleinschrot, Stuttgart
Produktion: Klaus Jost
Druck und Bindung: Gugler GmbH, A-Melk/Donau
Printed in Austria / Imprimé in Autriche

Insektenfreundlich gärtnern — mit Simone Kern

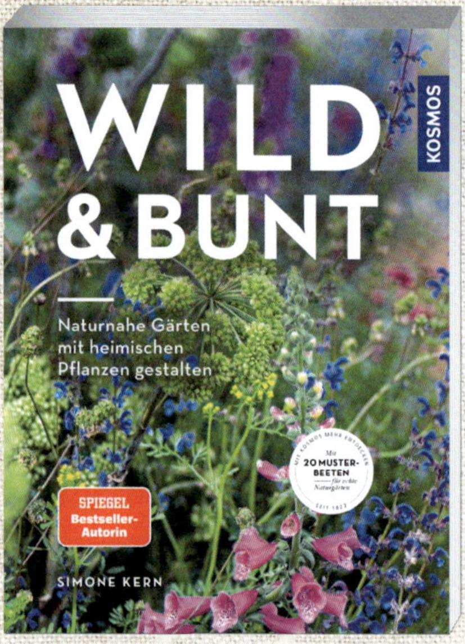

Das Artensterben hat bedrückende Ausmaße angenommen. Wer etwas dagegen tun möchte, braucht vor allem eines: einen tierfreundlichen Garten mit heimischen Wildpflanzen. Simone Kern zeigt, wie man einen Garten gestaltet, der Vögeln, Insekten und anderen Tieren Lebensraum bietet. Sie stellt Gestaltungsbeispiele für trockene, feuchte, steinige und andere typische Gartenbereiche vor, inklusive Musterbeeten und Einkaufslisten für geeignete Wildpflanzen. Ausführliche Pflanzenporträts informieren u.a. über Standort, Pflege und ökologischen Nutzen von rund 70 heimischen Stauden, Bäumen, Sträuchern und Gräsern.

128 Seiten, ca. €(D) 20,00

Ob Land oder Stadt - ein insektenfreundlicher Garten oder eine naturnahe Ecke für Wildbienen und andere Nützlinge lassen sich überall verwirklichen. Doch wie verwandelt man seinen Garten in ein blütenreiches Paradies für Bienen, Hummeln und Schmetterlinge? SPIEGEL-Bestsellerautorin Simone Kern erklärt Schritt für Schritt, wie man den Naturgarten plant, gestaltet, jahreszeitlich pflegt und erhält. Porträts der häufigsten heimischen Insekten und ein Extra über Bienen & Co. in der Stadt runden diesen reich bebilderten Ratgeber ab.

128 Seiten, ca. €(D) 17,00

kosmos.de

Der Garten der Zukunft
— nachhaltig & naturnah

Je heißer und trockener die Sommer werden, desto mehr sind ressourcenschonende Gärten gefragt mit Pflanzen, die wenig Wasser brauchen. Simone Kern stellt die besten Hitzekünstler vor: Stauden, Zwiebelblumen, Sträucher und Bäume für wunderschöne naturnahe Gärten. Sie stammen zum Teil von anderen Kontinenten, sind aber stets pflegeleicht und viele von ihnen auch insektenfreundlich. Inspirierende Gestaltungsvorschläge zeigen die schönsten Kombinationen, begleitet von Einkaufslisten sowie Tipps zu Planung, Anlage und Pflege der Beete. Die zeitgemäße Antwort auf die aktuelle Klimasituation.

128 Seiten, ca. €(D) 20,00

Gärtnern mit dem Zufall heißt die Antwort auf die neue Klimasituation. Die faszinierenden Stauden und Blumen dieser Gestaltungsart benötigen wenig Wasser und Nährstoffe und vermehren sich ganz natürlich. SPIEGEL-Bestsellerautorin Simone Kern zeigt kreative, ökologische Konzepte vom Bauerngarten bis zur Dachterrasse. Sie beschreibt Planung, Anlage sowie die Pflege trockenheitsresistenter Naturgärten und empfiehlt geeignete Pflanzen. Ein Buch voller inspirierender Ideen für äußerst attraktive, pflegeleichte Gärten, die sich jedes Jahr aufs Schönste wandeln.

128 Seiten, ca. €(D) 20,00

kosmos.de